小学校・中学校
「撮って活用」授業
ガイドブック

ふだん使いの1人1台端末・カメラ機能の授業活用

D-project 編集委員会

中川 一史、佐藤 幸江、
前田 康裕、小林 祐紀 編著監修

JN012346

インプレス

はじめに ―― D-pro本、完成！

中川 一史（なかがわ ひとし）　D-project会長／放送大学 教授

D-project（通称、D-pro）は、一般社団法人デジタル表現研究会を母体とし、「デジタル（Digital）」「デザイン（Design)」の2つの『D』をキーワードに、ICTにふりまわされることなく、子どもの学びを見つめて授業をデザインしていこうとする姿を提案したいという願いから発足した。主な活動としては、「深める」「広げる」「つなげる」の3つの柱がある（図1）。

D-projectの活動は、授業実践が中心である。D-projectでは、メディアで表現する力をメディア創造力とし、「表現学習を通して、自分なりの

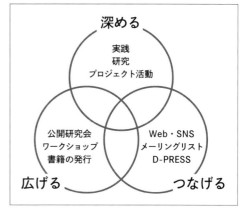

図1　D-projectの3つの柱

発想や創造性、柔軟な思考を働かせながら自己を見つめ、切り拓いていく力」と整理している。さらに、実践への活用という面から、発達段階別の到達目標に整理した（図2）。到達目標などがあっても、実際にそれがどのように自分の授業に適用できるのか、端末を活用したメディア表現の学習とはどういうものか、イメージがわかない教員も少なくないだろうと推測し、体験できる場として全国で研究会やワークショップを実施している。D-projectの詳細については、豊田充崇氏の寄稿「D-project紹介」に目を通してもらうと、どのような方向を目指し、何をやっているか、イメージしていただけるだろう。

本書は、**授業事例、解説編、研修編、D-project紹介**の4つで構成されている。**授業事例**は、カメラ機能を学習活動で使う場合の大きな分類である「確認」「紹介」「説明」「創造」についての授業事例を全国のD-projectメンバー（大学教員や教育委員会、元教員の方も含む）が実践をもとに執筆している。**解説編**は、「撮って活用する意味」「映像と言葉の行き来」「子どもたちにつけたい力や指標」「教科・領域へのランディング」について、解説している。**研修編**は、D-projectが提案する研修の内容や方法が掲載されている。**D-project紹介**は、D-projectとは何か、そのビジョンやこれまでの経緯などについて解説している。また、**解説編、研修編、D-project紹介**については、D-projectの会長、副会長で分担執筆した。

本書はD-projectの取り組みを通して、これからの新しい学びを提案するものである。本書の発行にあたっては、株式会社インプレスの方々に多大なご尽力をいただいた。インプレスの存在無くしては、本書は世に出なかった。そして、執筆にあたったメンバー、執筆者ではないが日頃D-projectを支えているメンバーに心から感謝したい。何よりも、ここまでD-projectが続いてきたことは、このメンバーの実践に対する強い思いがあってこそ、である。

A 課題を設定し解決しようとする力	社会とのつながりを意識した必然性のある課題を設定できる	Lv1: 人や自然との関わりの中で体験したことから課題を発見できる。 Lv2: 地域社会と関わることを通じて課題を発見できる。 Lv3: 社会問題の中から自分に関わりのある課題を発見できる。 Lv4: 社会問題の中から多くの人にとって必然性のある課題を設定できる。 Lv5: グローバルな視点をもって、多くの人にとって必然性のある課題を設定できる。
	基礎・基本の学習を課題解決に活かせる	Lv1: 文章を読み取ったり、絵や写真から考えたりする学習を活かすことができる。 Lv2: グラフを含む事典・図書資料で調べたり、身近な人に取材したりする学習を活かすことができる。 Lv3: アンケート調査の結果を表やグラフで表したり、傾向を解釈したりする学習を活かすことができる。 Lv4: 独自の調査を含め、情報の収集方法を選んだり、組み合わせたりする学習を活かすことができる。 Lv5: 様々な方法で収集した情報を整理・比較・分析・考察する学習を活かすことができる。
	好奇心・探究心・意欲をもって取り組める	Lv1: 何事にも興味をもって取り組むことができる。 Lv2: 自分が見つけた疑問を、すすんで探究することができる。 Lv3: 課題に対して、相手意識・目的意識を持って主体的に取り組むことができる。 Lv4: 社会生活の中から課題を決め、相手意識・目的意識をもち、主体的に取り組むことができる。 Lv5: 課題解決に向けて自ら計画をたて、相手意識・目的意識を持って主体的に取り組むことができる。
B 制作物の内容と形式を読み解く力	構成要素の役割を理解できる 印刷物：見出し、本文、写真等 映像作品：動画、音楽、テロップ等	Lv1: 制作物を見て、複数の要素で構成されていることを理解できる。 Lv2: 制作物を見て、それぞれの構成要素の役割を理解できる。 Lv3: 制作物を見て、構成要素の組み合わせ方が適切か判断できる。 Lv4: 制作物を見て、構成要素を組み合わせることによる効果を理解できる。 Lv5: 制作物を見て、送り手がどのような意図で要素を構成したのか理解できる。
	映像を解釈して、言葉や文章にできる 映像：写真・イラスト・動画等	Lv1: 映像を見て、様子や状況を言葉で表すことができる。 Lv2: 映像の内容を読み取り、言葉や文章で表すことができる。 Lv3: 映像の目的や意図を自分なりに読み取り、言葉や文章で表すことができる。 Lv4: 映像の目的や意図を客観的に読み取り、言葉や文章で表すことができる。 Lv5: 映像の目的や意図を様々な角度から読み取り、言葉や文章で表すことができる。
	制作物の社会的な影響力や意味を理解できる	Lv1: 制作物には、人を感動させる魅力があることを理解できる。 Lv2: 制作物には、正しいものと誤ったものがあることを理解できる。 Lv3: 制作物には、発信側の意図が含まれていることを読み取ることができる。 Lv4: 制作物について、他者と自己の考えを客観的に比較し、評価することができる。 Lv5: 制作物の適切さについて批判的に判断することができる。
C 表現の内容と手段を吟味する力	柔軟に思考し、表現の内容を企画・発想できる	Lv1: 自分の経験や身近な人から情報を得て、伝えるべき内容を考えることができる。 Lv2: 身近な人や図書資料から得た情報を整理し、伝えるべき内容を考えることができる。 Lv3: 身近な人や統計資料から得た情報を整理・比較し、伝えるべき内容を考えることができる。 Lv4: 様々な情報源から収集した情報を整理・比較して、効果的な情報発信の内容を企画・発想できる。 Lv5: 様々な情報を結びつけ、多面的に分析し、情報発信の内容と方法を企画・発想できる。
	目的に応じて表現手段の選択・組み合わせができる	Lv1: 相手に応じて、絵や写真などの言語以外の情報を加えながら伝えることができる。 Lv2: 相手や目的に応じて、図表と写真などの表現手段を選択することができる。 Lv3: 相手や目的に応じて、図表と写真などの表現手段を意図的に選択することができる。 Lv4: 相手や目的に応じて、多様な表現手段を意図的に組み合わせることができる。 Lv5: 情報の特性を考慮し、相手や目的に応じて、多様な表現手段を意図的に組み合わせることができる。
	根拠をもって映像と言語を関連づけて表現できる	Lv1: 他者が撮影した映像をもとに、自分の経験を言葉にして表現できる。 Lv2: 自分が撮影した映像をもとに、取材した内容を言葉にして表現できる。 Lv3: 自分が撮影し取材した情報を編集し、映像と言葉を関連づけて表現できる。 Lv4: 自分が撮影し取材した情報を編集し、明確な根拠に基づき映像と言葉を関連づけて表現できる。 Lv5: 映像と言語の特性を考慮して、明確な根拠に基づき効果的に関連付け、作品を制作できる。
D 相互作用を生かす力	建設的妥協点を見出しながら議論して他者と協働できる	Lv1: 相手の考え方の良さや共感できる点を相手に伝えることができる。 Lv2: それぞれの考えの相違点や共通点を認め合いながら、相談することができる。 Lv3: 自他の考えを組み合せながら、集団としての1つの考えにまとめることができる。 Lv4: 目的を達成するために他者の考えを生かし、集団として合意を形成できる。 Lv5: 目的を達成するために議論する中で互いを高めあいながら、集団として合意を形成できる。
	制作物に対する反応をもとに伝わらなかった失敗から学習できる	Lv1: 相手の表情や態度などから、思ったとおりに伝わらない場合があることを理解できる。 Lv2: 相手の反応を受けて、どのように伝えればよかったか理解できる。 Lv3: 相手の反応を受けて、次の活動にどのように活かそうかと具体案を考えることができる。 Lv4: 相手の反応から、映像や言語における文法を身につける必要性を理解できる。 Lv5: 相手の反応から、文化や価値観を踏まえた表現の必要性を理解できる。
	他者との関わりから自己を見つめ学んだことを評価できる	Lv1: 他者との関わり方を振り返り、感想を持つことができる。 Lv2: 他者との関わりを振り返り、相手の考え方や受けとめ方などについて、感想を持つことができる。 Lv3: 他者との関わりを振り返り、自己の改善点を見つめ直すことができる。 Lv4: 他者との関わりを振り返り、自分の関わり方を評価し、適宜改善することができる。 Lv5: 他者との関わり方を振り返り、自分の個性を活かすために自己評価できる。

図2 「メディア創造力」の到達目標

目次

02　解説編／03　研修編／04　D-project紹介 133

02　解説編

1人1台端末とメディア表現で拓く学びの未来　134
中川 一史　D-project会長／放送大学 教授

映像と言葉の行き来の意味は?　解説と事例　138
前田 康裕　熊本大学大学院 特任教授

子どもたちにどのような力をつけるのか、つけるための指標は?　解説　142
中橋 雄　日本大学 教授

子どもたちにどのような力をつけるのか、つけるための指標は?　事例　147
山中 昭岳　学校法人佐藤栄学園 さとえ学園小学校 教諭

01 　授業事例

カメラ機能を学習活動として活用する61の授業事例を「確認」
「紹介」「説明」「創造」の4つに分類して提案する。分類の詳細は、
解説編「1人1台端末とメディア表現で拓く学びの未来」（p.134）
で解説している。

[12実践] p.10〜33
「発音の様子を録音・録画して後で確認する」など、
あくまでも自分の確認のためにカメラ機能を活用し、
次の作業や活用に活かす授業事例。

[20実践] p.34〜73
「高学年の子どもがクラブ活動の様子をこれから参加
する4年生に紹介する」など、**紹介のためにカメラ機
能を活用する**授業事例。

[15実践] p.74〜103
**自分の主張の補完資料として、カメラ機能を活用して
動画を作成するなどして、それを提示する**授業事例。

[14実践] p.104〜131
「パラパラアニメーションを作る」「アリの世界を動画
にする」など、いわゆる**作品づくりを行う**授業事例。

確認 01 Google翻訳で発音チェックをしよう

栄利 滋人（さかり しげと）　仙台市立国見小学校

学年・教科 小学3年｜外国語活動　単元・題材 「Let's Try! 1」Unit 4「I like blue.」
準 備 物 タブレット端末

本時で達成したい目標（教科のねらい）

相手に伝わるように工夫しながら、自分の好みを紹介しようとする。

本時で大事にしたいメディア創造力

C2 Lv2 相手や目的に応じて、図表や写真などの表現手段を選択することができる。

カメラ機能をどう使ったか

ALT（外国語指導助手）に伝わるようにするために、発音をGoogle翻訳※1で判定する活動を繰り返す。英語の発音が正しければ自分の好きなものが、日本語で表示される。もし、違う日本語になったら聞き取りにくい英語を話しているかもしれないという判断をしてくれる。タブレットに向かって英語を話して確認しながら練習することで発音を修正しながら覚えていく。自分の発音している口の様子をカメラ機能で撮影し、ALTが発音している動画と比べて、発音を練習する。

▲ Google翻訳で発音を確認

授業の概要

自分の好きなものや嫌いなものを、英語で紹介する活動。まず、色、果物、野菜、飲食物、スポーツなどの英語を表現に慣れ親しむ。次に自分の好きなものを選び、「Do you like ○○？」「Yes, I do. I like ○○.」の表現を使って話す。ALTに紹介する相手意識を持たせ、できるだけ聞き取りやすい英語の発音を目指すことを意識させて、Google翻訳で判定する活動を知る。タブレットに向かって英語で話し、正しく変換されるように自分の発音を修正する。ALTに伝わりやすいように好きなものを紹介する練習をする。

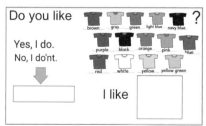 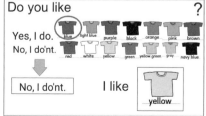

◀「Do you like ○○？」
「Yes, I do. I like ○○.」
の表現

※1　https://translate.google.co.jp/

授業の展開

活動内容	指導上の留意点
1 本時の課題をつかむ。 ［ALTに伝わるように好きなことを話そう。］	• 好きなものや嫌いなものを尋ねたり、答えたりする英語表現を チャンツで確認する。
2 自分の好きなものを選んで紹介することを考える。	• 配布したGoogle Jamboardでイラストを選んだり、画像を検 索したり、写真を撮影したりして作成する。
3 フレームを切り替えながら英語で紹介する。	• 「Do you like ○○?」と尋ねながら、「Yes, I do. I like ○○.」 の表現を英語で紹介する。
4 Google翻訳でALTに伝わりやすい発音を目指す。❶	• Google翻訳で自分の発音を判定し、修正しながら、ALTに好き なものを紹介する練習をする。❷
5 本時の振り返りをする。 • redは伝わりにくいから、「ウ」をつけて言う。 • 「ド」より「ドゥ」を強く言う。	• ペアやグループでみんなの好きなものを聞き合い、自分が気を つけている発音の仕方やALTに伝わりやすいかどうかの感想を 伝え合う。

実践のポイント

▶ ❶アルファベットの音を教える

　yellowが「ロー」ではなく「ロウ」、grayが「グレー」ではなく「グレイ」など伸ばす音ではない言い方やtやsの無声音が弱くて聞こえないので息を強く出す言い方など、事前にALTなどに発音のコツを聞いておくことが大切。児童は何度やってもGoogle翻訳が認識してくれないと嫌になる。困っているところにアドバイスを与えると正しく認識されやすくなり、発音のコツを覚えたり自信を持ったりすることにつながる。

▶ ❷「言える」と「通じる」の違い

　児童は、英語表現をすぐに真似して覚えてしまう。しかし、日常的に使っているカタカナ英語はそのまま発音してしまうことが多い。そこで、Google翻訳を使うことで、客観的に正しく認識されたかどうかの判定が出るので、ゲーム感覚で取り組む。正しく変換されることを目指してタブレットに向かって何度も英語を話す活動ができる。発音のコツを覚えたり、自信を持ったりすることにつながる。

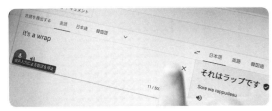 

▲「音声入力による翻訳」を利用

応用アイデア　こんなことにも使える！

　Googleスライドにあるスピーカーノートを使えば、自分が話す英語を変換し、英語の文章が表示される。発表練習の時にツールメニューから「スピーカーノートを音声入力」を選び、英語の音声入力に切り替えると自分の話す英語の発音が正しく認識されているかどうかを確認することができる。高学年の「行ってみたい国」や「小学校の思い出」など慣れ親しんだ英語表現を使って、発音にも意識を向ける活動として応用できる。

▲ Googleスライドの
スピーカーノート

好きなものを伝えよう

栄利 滋人（さかり しげと）　仙台市立国見小学校

| 学年・教科 | 小学3年｜外国語活動 | 単元・題材 | 「Let's Try! 1」 Unit 5 「What do you like?」 |

準　備　物　タブレット端末｜Google Jamboard｜ロイロノート

本時で達成したい目標（教科のねらい）

相手に伝わるように工夫しながら、自分の好みを紹介しようとする。

本時で大事にしたいメディア創造力

C2　Lv1　相手に応じて、絵や写真などの言語以外の情報を加えながら伝えることができる。

カメラ機能をどう使ったか

自分が好きなものを英語で答えるときに、英語の言い方にまだ自信がなかったり、思い浮かばずに考えてしまったりする児童も多い。そこで、端末に色や果物、野菜や食べ物やスポーツなどのイラストを表示させ、好きなものを拡大して英語で「I like 〜.」と言ったり、イラストを線で囲んで「I like 〜.」と言ったりする。カテゴリーごとのスライドを作り、いろいろな好きなものを英語で言いながら、自分の好きなものリストを確認する。自分の好きなものを検索してスクリーンショットで取り込んだり、カメラ機能を使って撮影した写真を追加したりする。

◀ 自分の好きなもの
リスト

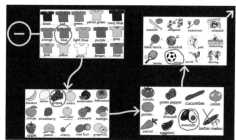

授業の概要

自分の好きなものを、英語で伝える活動。まず、色、果物、野菜、飲食物、スポーツなどの英語表現に慣れ親しむ。次に、「Do you like ○○？」「Yes, I do. / No, I don't. I like ○○.」の表現を使って話すための準備をする。端末に配布した色のTシャツ、果物、野菜、スポーツのイラストから自分の好きなものを選び、英語表現の言い方を練習する。ペアやグループで、端末のイラストを見せながら、「Do you like ○○？」と尋ね、「Yes, I do. / No, I don't. I like ○○.」と答えるやり取りをする。友達が答えたら、イラストを指差したり、拡大したり、線で囲んだりして互いに確かめながら会話を楽しむ。

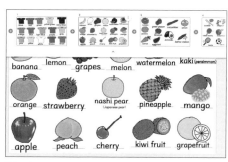

◀ イラストを指さしたり、拡大したりして好きなものを伝える

授業の展開

活動内容	指導上の留意点
1 本時の課題をつかむ。 相手に好きなものを伝えよう。	• 好きなものや嫌いなものを尋ねたり、答えたりする英語表現を確認する。
2 自分の好きなものを選んで紹介することを考える。❶	• Google Jamboard やロイロノートで配布し、色、果物、野菜、スポーツのイラストから自分の好きなものを選ばせる。
3 自分の好きなものを英語で紹介する。	• 「Do you like ○○?」の質問に対して、「Yes, I do. No, I don't I like ○○.」と答える形で自分の好きなものを紹介させる。
4 ペアやグループで端末を使って好きなものを尋ねたり、答えたりして会話を楽しむ。❷	• 端末のイラストを見せながら尋ね、答えたものを拡大したり線で囲んだりして確認しながら会話を進めるようにする。
5 本時の振り返りをする。	• みんなの好きなものは何が多かったか、嫌いなものや苦手なものはどんなものがあったかなど振り返りをする。

実践のポイント

▶❶イラストで会話に安心感を

　3年生の外国語活動は入門期なので、英語に対する好奇心が高い児童も多いが、英語に対して不安があったり、わからなかったりする児童もいる。そこで、「選ぶ」という活動を大切にしたい。目の前の端末にイラストがずらりと並び、そこから自分が好きなものを選ぶことで、全員が会話に参加できる活動になる。イラスト画面を切り替えながら、指差す児童、英語で言おうとする児童、それぞれのレベルで好きなものを伝え合うことができる。

▶❷無いならスクショで付け足し

　端末のイラストから選ぶ活動に慣れてくると、自分の好きなものにこだわって言いたくなってくる。そこで、画像や写真を検索してスクリーンショットで入れる操作を教える。自分で画像や写真を探して入れたスライドは、人に伝えたい気持ちになるので、何度も練習し、英語表現もスラスラ言えるようになることが多い。

 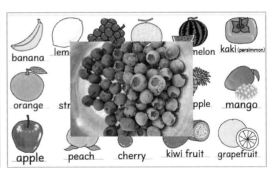

▲ 自分で画像を追加

応用アイデア こんなことにも使える！

　　　児童の好きなものは、もっと色々なカテゴリーで紹介することができる。たとえば、「おにぎりの具は何が好きか？」「お寿司のネタは何が好きか？」「お弁当のおかずは何が好きか？」など日本的なものの中で「Yes, I do.」と言いたくなるカテゴリーはたくさんある。日本的なものを扱うことで「Yes, I do. I like ネギトロ」のように単語は日本語でもよく、抵抗なく会話を楽しむことができる。ただし、イラストを事前に準備をすることは大変になる。これらを活動に取り入れるためには、画像や写真を検索してスクリーンショットで取り入れる方法を児童が覚えていることで容易になる。自分のこだわりで取り入れた画像や写真であれば、積極的に話すようになるだろう。

♠ 確認 03 ブラッシュアップ音読！

仲田 祐也 那珂市立芳野小学校

| 学年・教科 小学4・5年｜国語 | 単元・題材 「春の楽しみ」「からたちの花」「古典の世界」他 |
| 準 備 物 タブレット端末（iPad）｜ SKYMENU Cloud |

本時で達成したい目標（教科のねらい）

音読を客観的に見たり、友達からのアドバイスをもらったりしながら、自分の音読を改善することができる。

本時で大事にしたいメディア創造力

D2 Lv3 相手の反応を受けて、次の活動にどのように活かそうかと具体案を考えることができる。

カメラ機能をどう使ったか

iPadのカメラ機能を用いて、児童自身が家庭で音読する様子を映像に残した。国語科の授業冒頭において、iPadで撮影した映像をペアで見合い、友達からアドバイスを受けることによって、児童自身が自身の成果や課題、音読する力を把握することに活用した。動画は繰り返し見ることが可能である。声の大きさや間の空け方、リズムなどを客観的に見ることを通して、改善することができる。

▲ カメラ機能で撮影した音読の様子を視聴

授業の概要

本実践は、国語科の教材音読と家庭学習の組み合わせである。家庭学習で音読に取り組む学級も多いのではないか。しかし、ただ読んで終わりの音読では「読む力」の向上は図れない。きちんと読めているのか、表現の工夫やリズム等を意識して読んでいるかの確認が必要となるが、自分自身でそれに気付くことは難しい。そこで、iPadのカメラ機能を活用し、家庭で音読をしている様子をビデオに撮ってくる。そして、国語の授業冒頭、ペアで音読ビデオを確認し、よい点や改善できる点を探し、クラウド上に保存・蓄積し、次の音読につなげていく。これにより、どこを意識して音読するとよいかを児童がわかるようになる。

授業の展開

活動内容	指導上の留意点
1 ペアで撮影した動画を見合う。❶	• 家庭学習で音読の様子を撮影してくる。
2 友達の音読動画を見て、よい点と改善点をクラウド上に記入し、提出する（SKYMENU Cloud※1の発表ノートと提出箱を利用）。	• 繰り返し見るように指導する。 • 提出箱を相互閲覧可能としておき、活動が終わったペアからお互いのアドバイスを見るように伝える。❷
3 友達が記入したアドバイスを見て、次の音読に活かせることを考える。	•「もっとこうしたほうがよいところ」を中心に確認し、次回の音読につなげる。

※1　https://www.skymenu.net/

実践のポイント

▶ ❶ペアで撮影した動画を見合う

　本実践では、ペアで音読動画を見合った。児童には家庭学習での音読において注意する視点を事前に提示した。それをもとに友達の音読を確認するように指示をした。視点については、「声の大きさ」や「読む速さ」「表現の仕方・工夫」等である。視点については学年や単元、発達段階に応じて変更していく。視点を与えることによって、どのように音読をすればよいか、どのように音読動画を見ればよいか明確となった。高学年になると、映像で撮影することに抵抗がある児童もいるため、音声のみや顔を映さなくてもよいことを伝えた。

▲ ペアの動画を見る

▶ ❷友達が記入したアドバイスを見て、次の音読に活かす

　音読動画をペアで確認し、音読のポイントをもとに考えた友達へのアドバイスをSKYMENU Cloud※2の発表ノートに記入していく。記入事項はよかった点と改善点で、具体的なアドバイスをする。その後、友達からのアドバイスをもとに、家庭学習での音読で気をつけることや直すことを考える。その日の家庭学習で再度音読を撮影し、同じペアで動画を確認する。この流れを繰り返すことにより、音読をブラッシュアップしていく。

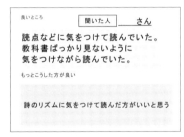 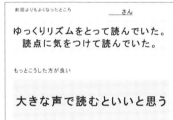 

▲ ペアにアドバイスをする

応用アイデア こんなことにも使える！

　本実践で行った「動画を撮影して確認する活動」は、多様な学習活動において可能である。たとえば、音楽の授業では、リコーダー、鍵盤ハーモニカ等の演奏や歌唱をしている様子を動画で撮影し、それをSKYMENU Cloudの発表ノートに貼り付けて、教員に提出する。児童にとっては、自己の演奏・歌唱を客観的に確認し、納得がいくまでチャレンジすることができる。教員にとっては、繰り返し動画を確認し、評価・指導につなげることができる。この活動は、オンライン学習中でも実施できる。他にも、同様の活動としては、理科の観察・実験、体育の実技、外国語活動のスピーキング等で有効であると考えられる。

※2　https://www.skymenu.net/

写真や動画で動きを確認！ニガテな鉄棒運動を攻略せよ！

津下 哲也 （つげ てつや）　赤磐市立山陽北小学校（実践当時：備前市立香登小学校）

学年・教科 小学4年｜体育	**単元・題材** 鉄棒運動
準 備 物 タブレット端末｜鉄棒練習用具（逆上がりベルトなど）	

本時で達成したい目標（教科のねらい）

　自己の能力に適した鉄棒運動の課題を見つけ、支持系の技ができるようになるための活動を工夫するとともに、考えたことを友達に伝えること（思考・判断・表現）。

本時で大事にしたいメディア創造力

　C3　Lv1 他者が撮影した映像をもとに、自分の経験を言葉にして表現できる。

　C3　Lv2 自分が撮影した映像をもとに、取材した内容を言葉にして表現できる。

カメラ機能をどう使ったか

　本時でカメラ機能を用いる目的は2つある。

- 挑戦する技のポイントの到達点に対して、自分の動きがどの程度実現できているかを、自分で気づくため。
- 自分が撮影した映像や友達に撮影してもらった映像をもとに、動きを言葉で表現する力を高めるため。

鉄棒運動のねらいを達成させる活動を通して、メディアを活用する力を育てていくようにする。

▲ 友達に撮影してもらう

▲ 鉄棒運動の映像

授業の概要

　授業は大きく分けて3つの流れで行う。まずは、自分の挑戦したい技を決め、個人で練習する。次に、友達とペアを組んでお互いの様子を撮影し合い、技のポイントを話し合って確認する。最後に、話し合ったことを活かしてもう一度技に挑戦する。器械運動は、できる／できないがはっきりする運動で、苦手意識を持つ児童も多い。指導言を投げかけたり友達がアドバイスをしたりしても、その通りに動きを変化させることはなかなか難しい。そこで、映像を撮影することで、自分の動きに気づくことができるようにする。1時間の授業の中で、できなかった技ができるようになるのが難しいことも多い。その場合、授業の中で自分の動きが少しでも変化したことに気づかせるなどして、成長を感じられるようにする。

授業の展開

活動内容	指導上の留意点
1　準備運動をする。	
2　本時の課題をつかむ。❶ 　　上がり技や下り技に挑戦しよう 　　逆上がり、前回り下り、など。	• 取り組みたい技を選んで決めさせることで、個人の能力に応じた技に主体的に挑戦できるようにする。
3　自分が挑戦する技を決め、練習する。 　　① 1人で練習する。 　　② ペアを組む。 　　③ お互いの様子を撮影する。	• 最初は、1人で練習することで、自分の実力に気づくことができるようにする。 • ペアを組んで、練習の様子をお互いに撮影させることで、自分の技のでき具合に気づくことができるようにする。❷
4　ポイントを確認し、話し合う。	• 技のでき具合を言語化させることで、映像を見て表現する力を育てる。❸
5　もう一度技に挑戦する。	• 映像で振り返った技を意識して、挑戦できるようにする。
6　本時の振り返りを行う。	• 技が完全にできるようにならなくても、成長を感じられるよう助言する。

実践のポイント

▶ ❶他者の映像の言語化と自らの映像の言語化の往復

　本時で育てたいメディア創造力は映像の言語化である。授業で自身の活動を振り返ることがよくあるが、自身の学びをきちんと言語化することはなかなか難しい。そこで本実践では、友達へのアドバイスを取り入れる。他者へのアドバイスをすることで、技が上達するための鉄棒運動のポイントを見る力が育っていく。その視点で自分の技や自分の実践を振り返ることで、よりよい動きを目指すイメージが持てるようにする。これらの往復により、言語化する力を育てながら、鉄棒運動の課題に取り組ませたい。

▶ ❷画面の明るさ・置き場所・ログインへの配慮

　鉄棒運動は、屋外での撮影になる。そのため、画面の明るさを上げておいたり、日陰で動画を見させたりするなどの配慮が必要となる。また、土で汚れたり、地面に置いたままの端末に足が当たって壊れたりしないよう、置き場所に注意するなどの配慮も必要となる。さらに、電源が落ちることで再起動が必要になることもあるので、自身でログインできるようにしておくことも必要である。

▶ ❸言語化のモデルを示す

　映像を見て言語化する場面では、教員がモデルを示すことで、イメージを持てるようにする。たとえば、逆上がりであれば、「おへそが鉄棒から離れているから、近づけるようにすればいいよ」など、「体の動きの様子＋回るためのコツ」をセットでアドバイスすればよいことを伝える。教員がモデルを示す活動は、他の教科や単元の学習でもよく取り入れられる活動であり、本時のように映像を言語化する場面でも児童の参考にさせることができる。

応用アイデア　こんなことにも使える！

　本稿で紹介したように、器械運動とカメラ機能はとても相性がよい。たとえばマット運動であれば、前転の頭の入り方や後転の着手の位置に気づかせたり、跳び箱運動では、開脚跳びの着手の位置や、体重移動の様子に気づかせたりするために、カメラ機能を使うことができる。また、それぞれの技の上達のために映像を見る以外にも、技を組み合わせて表現する時に組み合わせがきちんとできているかを確認させたり、グループマットやグループ跳び箱の様子を撮影させたりすることで、自分たちの動きを確認させることができる。これらの活動の際に、授業のねらいやポイントに合わせて言語化し表現させる活動を取り入れることで、メディア創造力を高めるようにしたい。

確認 05 e-ポートフォリオと NHK for Schoolで学びをつなげよう

石田 年保 （いしだ としやす） 松山市立椿小学校

| 学年・教科 | 小学4年｜体育 | 単元・題材 | マット運動 |

学年・教科 小学4年｜体育 　**単元・題材** マット運動
準 備 物 タブレット端末｜デジタルノート（Microsoft OneNote）｜NHK for School「はりきり体育ノ介」

本時で達成したい目標（教科のねらい）

　モデルや試技の映像比較から児童の気づきを促すe-ポートフォリオを活用し、マット運動「側方倒立回転・ロンダート」の動きやコツに関する理解を深めるとともに、技能を向上させることができる。

本時で大事にしたいメディア創造力

　A3　Lv2 自分が見つけた疑問を、すすんで探究することができる（モデルや試技の映像比較しながら、課題を見つけることができる）。

　C3　Lv2 自分が撮影した映像をもとに、取材した内容を言葉にして表現できる（モデルや試技、および、前時の試技との比較を行い、技能の向上点や改善点などをe-ポートフォリオに表現することができる）。

カメラ機能をどう使ったか

　授業の終末場面で側方倒立回転やロンダートの試技の映像をグループで撮影させる。撮影した映像は、課外の時間（家庭・朝学習の時間）に視聴し、課題や成果をe-ポートフォリオにまとめる。

　試技の動画撮影は、正面と側面の2つの方向で撮影を行う。正面から自分の動きを見ることで、自分の動きが直線的になっているか、また、足の上がり方（体の傾き）などが、側面の映像以上にしっかりと認識できる。

▲ グループで動画を撮影して視聴

授業の概要

　マット運動の側方倒立回転と、その発展技のロンダートの技の習得を目指した。児童の手本となるモデルとして、NHK for School「はりきり体育ノ介　器械運動（マット）〜ロンダートに挑戦だ！〜」を活用した。授業ごとに学習の成果となる自分の試技を、タブレット端末で撮影した。授業後、手本と試技の映像を比較し、e-ポートフォリオに手本との動きのズレなどの課題や気づきを記入させる。また、朝の自主学習等の時間を活用し、練習グループで相互評価を行うとともに、グループのメンバーの課題や目標を共有させる。そのことにより、授業でのグループ練習で相互にアドバイスしたり、上達した点をほめ合ったりすることができる。

授業の展開

活動活動	指導上の留意点
1　サーキットトレーニングをする。	• サーキットトレーニングで、技に必要な手支持感覚・逆さ感覚・回転感覚を高めることができるように、めあてを持って取り組ませる。
2　学習課題を確認し、グループ別に練習を行う。 側方倒立回転やロンダートの技のレベルを上げよう！	• 手本の映像の視聴と試技を繰り返しながら、技の動きのイメージ化を図る。 • ゴムひもを使って、足を高く上げることを意識させる。また、ロンダートの練習では、後ろ向きに着地することを意識させ、体を半回転させる感覚をつかませる。

活動活動	指導上の留意点
3　タブレット端末で、本時の学習成果を撮影する。	• 正面と側面の2方向から試技を撮影し、学習の成果を記録する。❶
4　学習の振り返りをする。	• 上達した児童に模範演技をさせたり、動きについての気づきを伝え合ったりする。
5　手本と試技を比較し、新しい学習課題を設定する。※課外	• タブレット端末で撮影した動画を手本の静止画を比較し、上達したところや、課題等をe-ポートフォリオに記述する。❷

実践のポイント

▶ ❶e-ポートフォリオの設計

　e-ポートフォリオには、Microsoft OneNoteというデジタルノートを活用した。OneNoteは、テキストだけでなく、音声や写真などのコンテンツを含めた資料作成が可能であり、編集範囲に制限がなく自由度の高い表現が可能となるデジタルノートである。このe-ポートフォリオには、側方倒立回転などの技の動きが理解できるように、手本の運動の局面ごとの静止画と評価のポイントを明示してある。また、授業で撮影した2方向からの試技の映像を貼り付けるように指示している。

▶ ❷手本と試技の映像比較について

　手本と試技の動きの違いをしっかりと認識させるため、手本の静止画と対応する自分の試技の動きの部分で映像を停止し、画面キャプチャー機能でコピーし、e-ポートフォリオに貼り付ける。そこにマーカー機能で、印を入れたり、気づきを書き込んだりすることで、1人ひとりの運動についての理解が深まると考える。「e-ポートフォリオの記述」のように手本と本時、前時と本時を比較することで、課題や成長した部分が見えてくる。

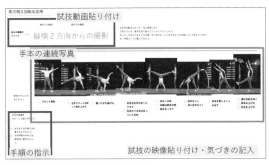

▲ e-ポートフォリオの設計

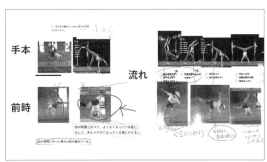

▲ e-ポートフォリオの記述

応用アイデア こんなことにも使える！

　マット運動だけではなく、跳び箱運動、小型ハードル走、高跳び等でもe-ポートフォリオは活用できる。また、小・中学校の9年間学習データが蓄積されていくため、e-ポートフォリオの学習データが、次年度の学習に活かすことができる。加えて、学習のエビデンスとして保護者に見てもらったり、e-ポートフォリオ上にコメントを書き込んでもらったりすることで、体育科の学習の学びを家庭へと広げることができると考える。

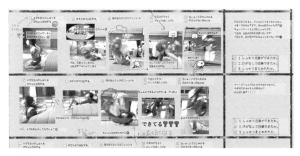

▲ 台上前転のe-ポートフォリオ

<保護者のコメント>1回目は頭がてっぺんについて台上前転は息子には少しレベルが高いなと思っていました。(中略) 最後の動画、写真を見てみたら、跳び箱に頭の後頭部がついていたり、足がすごくそろっていたりして自分なりに頑張っているのだなと思いました。5年生からもっと難しい跳び箱をすると思うので頑張ってほしいなと思いました。

♠ 確認 06 クロールの練習で 自分のフォームを確認しよう！

津下 哲也 赤磐市立山陽北小学校（実践当時：備前市立香登小学校）

学年・教科 全学年（主に4年以上）｜体育　単元・題材 水泳
準 備 物 タブレット端末｜防水用ケース

本時で達成したい目標（教科のねらい）

第3学年および第4学年 自己の能力に適した課題を見つけ、水の中での動きを身につけるための活動を工夫するとともに、考えたことを友達に伝えること（思考・判断・表現）。

第5学年および第6学年 クロールの楽しさや喜びを味わい、手や足の動きに呼吸を合わせる方法を理解するとともに、その技能を身につけること（知識・技能）。

本時で大事にしたいメディア創造力

D3　Lv3 他者とのかかわりを振り返り、自己の改善点を見つめ直すことができる。

カメラ機能をどう使ったか

クロールの学習で難しいのが息継ぎである。「左手を伸ばして枕にして耳をつけよう」「あごを引いて空を見上げよう」といった指導言で児童を指導することがあるが、体が沈んでしまうために腕は曲がりあごが上がり、ますます体が沈んでしまう。そこで、自分が泳いでいる様子を友達に動画で撮影してもらい、確認することで自分のフォームを自覚させる。自分の改善点を自覚した上で練習に臨むことで、望ましい動きを工夫したり、正しい動きを身につけたりできるようにする。

▲ 泳いでいる様子を動画撮影

授業の概要

授業の流れは、一般的な水泳学習の流れと同じように行う。まずは準備体操をした後、水慣れやバブリング・ボビング・ふし浮きなどを行い、プールの横幅を使って、けのびやバタ足、面かぶりクロール、息継ぎありのクロールの練習をする。次に、①「けのびやバタ足・面かぶりクロール練習コース」、②「距離に挑戦するコース」、③「タイムに挑戦するコース」などに分かれて練習する。このとき、②のコースを泳いでいる児童の様子を陸上の児童がタブレットで撮影する。泳いだ後、その場で確認できればフォームの確認を行い、その場での確認が難しい場合は教室に戻って時間を確保し、フォームの確認をさせる。自分のフォームの改善点を学んで次の練習に臨めるようにする。なお、水着姿の撮影となるため、撮影されることへの配慮や同意には留意する。

授業の展開

活動内容	指導上の留意点
1　準備体操・水慣れ・復習をする。 　　バブリング・ボビング・ふし浮き 　　けのび・バタ足・面かぶりクロール・息継ぎ	• 準備体操から復習まではある程度メニューを固定し、基礎技能を高めることができるようにする。
2　本時の課題をつかむ。 　　自分の課題を見つけよう。	• 自分の能力に応じた課題を見つけることを助言する。

活動内容	指導上の留意点
3　コースに分かれて練習する。 　　①「けのびバタ足面かぶりコース」 　　②「距離に挑戦コース」 　　③「タイムに挑戦コース」	• 能力別に分かれて練習することで、自分の能力に応じた技能を高めることができるようにする。
4　泳いでいる様子を撮影したり、友達に撮影してもらったりする。❶	• 撮影は見学の児童が行うようにする。見学の児童がいない場合は、グループで交代しながら撮影するようにする。
5　フォームを確認し、改善点をつかんだ上で、練習する。❷	• 息継ぎフォームのポイントについて自分のフォームを振り返らせることで次時へ活かすことができるようにする。

実践のポイント

▶ ❶授業のねらいに応じたカメラ機能の活用

　第3・4学年では、「自己の能力に応じた課題を見つけて工夫すること」と「友達に伝えること」が目標となっているため、見つけた改善点を友達に伝えたり教えてもらったことを参考に、課題（たとえば「ひじをまっすぐ伸ばす」など）を見つけて工夫することを通してメディア創造力を育てる。

　一方、第5・6学年では、「方法を理解し身につけること」が目標となっているため、カメラの映像は、泳法を身につけるための手段の1つとなる。その過程の中でメディア創造力が育っていく。このように、指導するねらいをはっきりさせた上でカメラ機能を取り入れるようにする。なお、撮影者については1時間の中では1人か2人に固定し、授業の回ごとに交代させるようにするとよい。また、陸上での撮影となるため熱中症等には十分配慮する。

▶ ❷動きをイメージ化させるための手立て

　自分の動きの課題に気づいたり、動きを改善したりしていくには、望ましい動きについてのイメージを持つことが大切である。たとえば、息継ぎのポイントを事前にしっかり把握させておくためには、「カメラ機能をどう使ったか」で述べたような指導言に加えて、代表児童に師範させたり、教員が師範したりする方法が考えられる。また、NHK for Schoolなどの番組や動画クリップを視聴することも、動きのイメージ化には有効である。さらに、時間がとれるようであれば、これらの動きと自分の動きについて、写真や映像を並べて比較することで、課題や修正の方向性に気づいたりさせるといったことも考えられる。

▲ 児童が撮影した動画

応用アイデア こんなことにも使える！

　本実践では、クロールの息継ぎ練習を主として紹介したが、息継ぎの練習だけでなく、けのびでは頭が入っているかどうか、バタ足の練習では膝がしなるように伸びているかどうか、面かぶりクロールでは戻って来た手がしっかり伸びているかどうか、といった確認のためにカメラ機能は有効である。水泳以外では、陸上運動のハードリングの足の動きの改善に使うことができる。陸上での学習になるため、2〜3人のペアを組んでお互いに撮影し合ったり、アドバイスし合ったりといった活動が1単位時間の中で実現できる。また、この場合、他者との関わりも増えるため、よりメディア創造力を高めることにつながっていく。

▲ ハードル走の様子を動画で確認

確認 07 アナログの学びの足跡を デジタルで提出

津下 哲也　赤磐市立山陽北小学校（実践当時：備前市立香登小学校）

| 学年・教科 | 小学6年｜各教科（国語・算数等） | 単元・題材 | 家庭学習 |

準　備　物　タブレット端末｜ロイロノート｜家庭のWi-Fi環境｜予備端末

本時で達成したい目標（教科のねらい）

　休校中の国語科・算数科の指定単元、教科書指定ページの学習で実践を行った。目標は、実践する学年や教科・単元のねらいに準ずる。

本時で大事にしたいメディア創造力

A2　Lv1　文章を読み取ったり、絵や写真から考えたりする学習を活かすことができる。

カメラ機能をどう使ったか

　新型コロナウイルス感染症の影響で全国一斉休校となった際、学びを止めない方法として、家庭での学習成果を、家庭に持ち帰った1人1台タブレット端末を用いて写真で撮影させ、ロイロノートで提出させた。学習は基本的に紙の教科書とノート用いて行い、課題の回答を撮影した写真を提出するよう指示した。

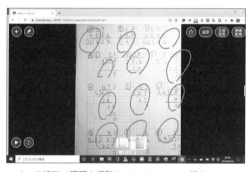

▲ カメラ機能で課題を撮影してロイロノートで提出

▲ 児童が提出した写真を管理

授業の概要

　学習予定は休校期間中に設けられた登校日を基準に、1日ごと、時間割ごとに作成をし、「国語の教科書〇ページを音読して課題をノートにまとめる」「算数の教科書〇ページを参考に練習問題をノートにする」など、学習範囲を指定した。学習予定は目安として示したものであり、進め方やペースは児童の自主性に任せた。できたものから学習したページをロイロノートで写真撮影し、提出箱に提出させるようにした。教師は児童が提出したノートを丸付けし、児童にタイムラインで返却するようにした。児童からの質問はカードに記入して提出させた。また、担任から児童へのメッセージも、ロイロノートのカードを作成して送った。

▲ ロイロノートのカード

授業の展開

	活動内容	指導上の留意点
1	学習予定表を参考に、学習計画を立てる。	• 時間割の形で学習予定を示すことで、計画的に学習を進める際の参考にできるようにする。❶
2	自分が立てた学習予定にしたがって、課題をする。	• 学習予定表は目安であることを伝え、自己のペースで行うよう伝えることで、個人差に対応できるようにする。
3	できた課題のページをタブレットで撮影し、ロイロノートで送る。	• 「提出」の活動を取り入れることで、日々または時間ごとの学習の区切りを意識できるようにする。
4	教師からのフィードバックがあれば確認し、復習する。	• 児童の達成度を把握するとともに、個に応じて復習課題を提示することで、学習の補充ができるようにする。❷

実践のポイント

▶❶オンライン学習に向けた事前準備

　全国一斉休校に備えて、学校端末を家庭接続するための端末設定の変更と接続テストを行い、家庭Wi-Fiに接続できることを確認した。次に、持ち帰り方針文書と家庭配布文書、持ち帰り同意書（保護者版、児童版）を作成し、学習目的のために端末を利用することについてのコンセンサスを得た。その後、休校前の登校日を利用して、ログインの練習や端末接続の練習、ロイロノートを使った写真撮影や記事投稿の練習を行い、休校期間を迎えた。なお、学習予定は、「授業の展開」で紹介した内容を事前に伝えておいた。

▲ 学習予定表

▶❷休校期間中の接続支援

　家庭に持ち帰らせる際には、接続マニュアルを配布し、各家庭でスムーズに接続ができるよう配慮した。しかし、休校が始まりオンライン学習がスタートすると、多くの児童が持ち帰った学校端末を用いて学習に

取り組むことができたものの、中には接続不具合が生じる児童もいた。接続不具合の原因として、端末の問題と家庭のネットワークの問題が考えられたため、不具合が出た児童には電話連絡を入れ、学校の予備端末と交換したり、接続の再設定の方法をフォローしたりした。それでもつながらない場合、家庭の端末を代替機として用いることで、接続を試みた。以上のような取り組みにより、すべての児童がオンライン学習に取り組むことができた。

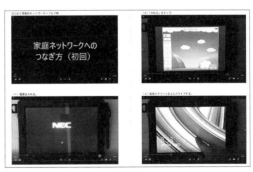

▲ 接続支援

応用アイデア こんなことにも使える！

　ノートを写真にとって共有する活動については、たとえば算数科の学習では、計算の仕方をノートに説明したものを写真撮影して友達に説明したり全体共有したり、理科では天気の移り変わりについてワークシートに記録したものを写真で撮影し共有したり書き込んだりといったような活用が考えられる。児童の発達段階や学年の実態、学習内容によっては、紙のノートやワークシートといったアナログのほうが、相性がよいものがある。デジタルとアナログのよさを組み合わせることで、課題解決に活かしていくための基礎・基本の力を育てると同時に、写真を使って情報を伝える力を育てていきたい。

確認 08 自分のふり見て、我がふり直せ！動画共有で分析しよう！

薄井 直之　古河市立諸川小学校

| 学年・教科 | 小学6年｜総合的な学習の時間 | 単元・題材 | プレゼンテーション力のレベルアップをしよう！ |

準 備 物 タブレット端末（iPad）｜iCloud共有アルバム｜座標軸シート（グループ1枚）｜付箋

本時で達成したい目標（教科のねらい）

プレゼンテーションの動画を視聴し、相手に伝わりやすいプレゼンテーションの特徴を比較したり、整理したりする活動を通して、よりわかりやすく聞き手に伝える方法を明確にすることができる。

本時で大事にしたいメディア創造力

D3　Lv4　他者との関わり方を振り返り、自分の関わり方を評価し、適宜改善することができる。

カメラ機能をどう使ったか

朝のスピーチタイムや各教科の学習の単元のまとめ、総合的な学習の時間で行った探求の結果の発表など、児童がプレゼンテーションを行った場面をすべて動画で撮影した。撮影した動画はAppleのクラウド（iCloud共有アルバム機能）を使い、すべての児童と共有設定を行った。児童は、自分の端末上で自分や友達のこれまでの発表の様子をすべて視聴できるようになった。

授業の概要

自分たちがこれまでに行ってきた発表を記録した動画を視聴し、自分の考えを相手にわかりやすく伝えるためのプレゼンテーションの特徴を見出した。動画の視聴では、自分のプレゼンテーションの内容と構成、姿勢・資料・話し方に注目し、それぞれの「よいところ」「改善が必要なところ」を付箋に書き出した。書き出した付箋を座標軸シートにまとめて、各自が相手にわかりやすく伝える発表の特徴をまとめた。次に、グループの交流の機会を設け、各自がまとめたよいプレゼンテーションについて意見の交流を行った。自分の弱点について、友達と相互に助言し合うことで、各自が自分の課題を見つけ、次の発表に向けた意欲を高める児童もいた。

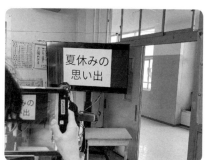

▲ クラウドによる動画共有

授業の展開

活動内容	指導上の留意点
1　本時の課題をつかむ。 これまでのプレゼンテーションを見て、「相手にわかりやすく伝える」ための発表のコツをまとめよう。	• iCloud共有アルバムの設定を行い、児童が動画を視聴できるようにする。❶ • iCloud共有アルバムから、これまでに自分が発表してきた動画を視聴することを確認する。

	活動内容	指導上の留意点
2	これまでの自分の発表を記録した動画を視聴して、相手に伝わるプレゼンテーションの特徴をまとめる。	• 内容と構成、姿勢・資料・話し方に着目して視聴することを確認する。 • プレゼンテーションのよい点、改善点について付箋に記述する。❷
3	グループで、相手に伝わるプレゼンテーションの特徴について話し合う。	• グループで各自が記入した付箋をもとに、よいプレゼンテーションの特徴をまとめる。❸
4	各グループでまとめた内容を学級全体で共有する。	• グループでまとめた意見を発表し合い、相手に伝わるプレゼンテーションの特徴をまとめる。
5	本時を振り返り、これからの自分のプレゼンテーションで頑張りたいことをまとめる。	• 相手に伝わるプレゼンテーションを意識して次の発表に取り組むよう話をする。

実践のポイント

▶ ❶クラウド共有で気軽に視聴

事前にプレゼンテーションなどの児童の表現活動の様子を動画で記録したものを、児童とクラウド共有設定を行う。共有アルバムや共有フォルダは、クラウド上にあるので、端末のストレージの消費を避けることができる。ネットにつながる環境であれば、児童は、いつでも何度でも視聴することができる。

▶ ❷自分で自分を分析する！

児童は、これまでに行った自分のプレゼンテーションを視聴し、自分の発表の内容と構成、姿勢・資料・話し方に注目して、それぞれの「よいところ」「改善が必要なところ」を付箋に書き出していく。自分の発表の特徴に気づくことができる。最初の発表と経験を重ねた最近の発表を比較することで、自分のプレゼンテーションのスキル向上に気づくことができる。また、得意不得意が見えてくるため、次の発表への意欲へとつながる。

▲ 動画を視聴して意見を付箋に書き出す

▶ ❸友達と気づきを共有しよう！

各自の気づきを紹介し合い、座標軸シートにまとめることで、わかりやすく伝わるプレゼンテーションの特徴をまとめる。その際に、互いに苦手なことについて、相談し合うことを大切にする。そうすることで、友達のよいところを真似て、自分の発表をより良いものにしようとする意欲を高めたり、日常的に友達の発表のよいところに目を向けるようになったりするなど、プレゼンテーションに対して、クラス全体でレベルを上げようとする意欲が高まった。

▲ 座標軸シートに気づきをまとめる

応用アイデア こんなことにも使える！

他学年の学級や他地域の学校と動画データを共有することで、容易に互いの発表を閲覧することができる。クラウド共有のメリットは、互いの時間を合わせなくても、それぞれの活動時間内で交流活動ができることである。

◀ プレゼンテーションのレビュー

英語で「なんばSHOT（しょっと）」ね？

中村 純一（なかむら じゅんいち）　佐賀龍谷学園龍谷中学校（りゅうこく）

| 学年・教科 | 中学1年｜英語 | 単元・題材 | 現在進行形　Unit 8「A Surprise Party」 |
| 準 備 物 | タブレット端末（iPad）｜ Clips |

本時で達成したい目標（教科のねらい）

ある動作をしている人物を、現在進行形を用いて英語で説明することができる。

本時で大事にしたいメディア創造力

C3　Lv3　自分が撮影し取材した情報を編集し、映像と言葉を関連づけて表現できる。

カメラ機能をどう使ったか

生徒が利用するiPadのアプリケーションであるClipsを使用した。3〜4人のグループに分かれて、何らかの動作をしている様子を撮影し、最終的に1つの動画としてまとめた。Clipsを使うと、カメラで撮影して動画編集ソフトで編集というプロセスをすべて行うことができる上、撮影された動画は自動的に順序よく再生されるので、編集の手間や画面を切り替える手間が省かれ、活動のねらいに集中して取り組みやすくなる。

▲ Clipsによる動画撮影

授業の概要

英語の現在進行形は、日本語で表現すると「〜している」と訳されるが、今この瞬間にしていることも普段していることも「〜している」と表現されることがあるため、実際に目の前で何らかの動作を行い、その様子を英語で説明するナレーションを含めた動画を作成する活動を取り入れた。また、この活動のタイトルである「なんばSHOT」は「なんばしょっと」と読み、佐賀の方言で「あなたは何をしていますか？」という意味である。「What are you doing?（あなたは何をしていますか？）」という問いかけに対して、「I'm studying English now.」と答えるような会話とその様子をSHOT、つまり撮影するという活動である。できるだけ数多く動作を取り入れることや未習事項も辞書を使って表現してもよいとした。

授業の展開

活動内容	指導上の留意点
1　本時のゴールを確認する。 　• 何をしているのかを英語で尋ねる。 　• 今、何をしているのかを英語で答える。 　• この様子をClipsで撮影する。	• 今、目の前で行われていることを伝えるときの文法として現在進行形が使われるということを再確認しておく。❶ • Clips使用時にはスタンプ等は使用しないことをあらかじめ伝えておく。
2　簡単な復習をする。	• 問いかける英文とそれに答える英文をいくつかの例文で簡単に振り返っておく。
3　グループに分かれて動画の撮影に取り組む。	• 動画を撮影するときはiPadと撮影される人たちの距離をあまり空けないことを伝える。❷
4　活動終了後、グループメンバーで話し合いながら、簡単に編集した動画を提出する。	• 動画の編集は不要な部分をカットする程度で簡単に済ませるように伝える。❸
5　振り返りシートに記入する。	• 活動を振り返り、活動するときに気づいたことなどを記入するように伝える。

実践のポイント

▶ ❶動詞の制限をするべきか否か

　事前に教科書を使用した授業では、学校や家庭でよく見られる所作、たとえば「勉強している」「テレビを見ている」「音楽を聴いている」「料理をしている」といったものが登場するが、それだけではなく自分たちが表現してみたい動作もやってみることをすすめた。iPadか紙の辞書のいずれかのツールを使用して調べながら表現すると、現在進行形の文型をつくる練習にもなるので、動詞の制限はかけないこともポイントである。

▶ ❷動画撮影時の音量に注意してみる

　iPadを使って動画を撮影する活動をするとき、全体を画面に入れるために、どうしても被写体から離れてしまう傾向がある。すると、iPadを持つ生徒の声は大きく、被写体となる生徒の声は小さく録音されてしまうことがある。声を大きく出すように伝えると、他のグループの声が録音されてしまうので、そうならないためにも、iPadと被写体との距離が離れすぎないこと、ある程度の声を出して英語を話すことを伝えることも動画を利用した活動ではポイントである。

▶ ❸編集にあまり時間をかけない

　何らかの動画を作成する活動のとき、編集にあまり時間をかけないようにしたほうがよい。それは、スタンプや文字入れなど、凝った編集をしようとすればするほど時間がかかり、さらにはねらいから遠く離れてしまうことがあるからだ。動画共有サイトで視聴されるために編集するのではなく、あくまで活動の目的を最低限達成することを意識させることが大切である。動画作成のための時間は長すぎない程度に限度を設定しておくべきである。

応用アイデア　こんなことにも使える！

　「I'm studying English.」や「I'm reading a book.」などの様子を撮影した動画部分だけをまとめて、主語を変えて、「What is he/she doing now?」という別の疑問文に答えてもらう活動に変化させることができる。動画には生徒たちが「テレビを見ている」「カバンを持っている」など、何らかの動詞を表すような動作が撮影されているので、それを素材として、助動詞の学習や3単現のsを付ける学習で、「Can he play the piano?」や「Does she open the window?」などの疑問文とともに使用することも可能である。また、英文法を使って、動画作成する活動として、違いをはっきりと説明しやすい「AはBより大きい」といった比較を使った動画作成の活動に応用可能である。動画作成を通して、繰り返し英文法を使って発話していく学習に向いている英文法の1つである。

確認 10 カメラで確認！自分たちで撮影・改善するストレッチ運動

郡司 竜平（ぐんじ りゅうへい）　名寄市立大学（実践当時：北海道札幌養護学校）

| 学年・教科 | 中学部2年｜自立活動　**単元・題材**　ストレッチにチャレンジ～どちらがホンモノだ！？～ |

学年・教科　中学部2年｜自立活動　**単元・題材**　ストレッチにチャレンジ～どちらがホンモノだ！？～
準　備　物　教員用PC・生徒用タブレット端末（iPad：視聴用・撮影用）｜モニター｜まなボード｜評価シート｜三脚

本時で達成したい目標（教科のねらい）

ストレッチ運動において体の曲げ伸ばす箇所を理解し、取り組むことができる。

本時で大事にしたいメディア創造力

A3　Lv3　課題に対して、相手意識・目的意識を持って主体的に取り組むことができる。
B2　Lv2　映像の内容を読み取り、言葉や文章で表すことができる。
D1　Lv2　それぞれの考えの相違点や共通点を認め合いながら、相談することができる。

カメラ機能をどう使ったか

他者が映像を視聴しながらストレッチ運動に従事する様子を動画で撮影した。生徒自身が動画撮影する中で、撮影姿勢によって映像がクリアに撮れないことがわかった。生徒1人ひとりの特性や認知に合わせながら撮影姿勢を工夫したり、環境を整えたりすることで、よりクリアな映像を撮影することができた。それによって、自分たちの運動をよりわかりやすく確認することができ、生徒の自信につながった。

▲ ストレッチ運動を動画撮影

▲ 映像を比較している様子

授業の概要

特別支援学校（知的）中学部2年生7名、教員2名による自立活動の学習である。ゆっくりと体を動かすストレッチ運動の技能向上をねらいとした学習である。NHK for School「ストレッチマンV（現ストレッチマン・ゴールド）」を2チームに分かれてiPadで視聴しながらストレッチ運動に従事する。その運動の様子をiPadで動画撮影する。記録映像を生徒同士で確認し、評価ポイントに基づきそれぞれ評価する。勝敗を競い合うことで活動への意欲を高めることが見込まれたので、導入した。

授業の展開

活動内容	指導上の留意点
1　本時の課題をつかむ。 　ホンモノのストレッチ運動をするのはどちらのチームかな。	・映像を視聴しながらストレッチ運動に取り組むことを伝える。 ・動画撮影をし、評価ポイントに基づいてどちらが正確にストレッチ運動に従事したかを勝負することを伝える。

	活動内容	指導上の留意点
2	取り組むストレッチ運動を選ぶ。	• NHK for School「ストレッチマンV」内から目的に応じた内容を選択するよう促す（プレイリストの活用）。
3	選んだストレッチ運動に取り組む。	• チーム内で運動を動画撮影する役割を決める。 • 役割に当たった生徒が動画撮影をする。❶
4	撮影した映像を確認し、改善点を話し合う。	• 評価ポイントに基づき映像を確認する。
5	改善した内容でもう一度取り組む。	• 運動を動画撮影する。❷
6	撮影した映像を確認し、評価する。	• 評価ポイントに基づき映像を確認し、評価する。❸
7	評価に基づき勝利チームを決定する。	• 評価ポイントに基づいて勝敗を決めていることを伝える。
8	次時の予告をする。	

実践のポイント

▶❶チーム戦にすることで意欲を喚起

チーム戦はチーム内で役割分担したり、お互いの得意分野を活かしたりしながら学習活動に参加することができ、個人で取り組むより相手意識や目的意識がより明確になることが予想されたため、導入した。

▶❷ストップモーションでキャプションを

自分たちの映像を漠然と見るだけでは、その内容を目的に応じて読み取り、言語化することはなかなか難しい。言語化してほしいポイントであえて映像をストップし、場合によっては内容の解説を加え、チーム内で評価ポイントを確認することで言語化を促した。

▶❸映像を介すことで対話が生まれる

ただ「話し合ってください」では、生徒同士の対話を成立させることはなかなか難しい。そのため、活動の具体的な様子がわかる映像を介することで、映像をきっかけとして自分の考えを表現したり、相手の考えを聞いたりすることができるようになった。また、1つの映像を他者と視聴することで、対話の基準がわかり、発言内容がより具体化されていく様子が見られた。

▲ ストレッチ運動に取り組む様子

▲ 座って動画撮影

応用アイデア こんなことにも使える！

▶ 映像を確認するポイントを決める

映像を確認するポイントをあらかじめ子どもたちと確認しておき、実際にポイントに沿って映像を一緒に確認することで、映像の見方が身についてくる。そうすると、他の映像を見たときに最初から自分たちで見るポイントを確認したり、振り返ったりできるようになる。この力がついてくると、たとえば教室や家庭の余暇で見ることが多い、子どもたちが大好きな動画サイトの映像であっても、ポイントを決めて見ることで学びにつながっていく。

確認 11　現場実習報告会を成功させよう！

岩井 祐一（いわい ゆういち）　東京学芸大学附属特別支援学校

学年・教科 高等部3年 | 職業　**単元・題材** 現場実習激励会の発表準備
準備物 タブレット端末 | 発表原稿 | テレビ

本時で達成したい目標（教科のねらい）

　本時の目標は、現場実習での収穫や課題をまとめ、報告会に向けて相手に伝わるように意識したり、目的意識を持ったりしながら発表準備を行うことである。高等部では「産業現場等における実習」が設定されている。将来の職業生活に必要なこと、自己の適性などの理解を促す、働く力や働くことの意欲を高めることを目指している。実習後に行われる報告会は、目標に対しての評価や課題を確認したり、自己の成長を実感したりすることができる貴重な機会である。

本時で大事にしたいメディア創造力

　A3　Lv3 課題に対して、相手意識・目的意識を持って主体的に取り組むことができる。

カメラ機能をどう使ったか

　本単元では、「①報告会に向けた発表練習」「②報告会後の振り返り」としてカメラ機能を使用した。「①報告会に向けた発表練習」では、作成した原稿をもとにして、1人ひとりが発表練習する様子についてカメラ機能を使って動画を撮影した。撮影については、仲間同士で協力しながらお互いに撮影し合った。「②報告会後の振り返り」では、カメラ機能を使って教員が発表本番の様子の動画を撮影した。

▲ 動画を確認する生徒

授業の概要

　本単元は、産業現場等における実習を通した収穫や課題についてまとめ、報告会に向けた準備場面である。実習日誌等を手がかりにしながら実習の振り返りを行う。その後、「現場実習報告会」という高等部が一堂に会する場面で、成果や課題、これからがんばることなどを表明するために発表練習を行った。発表準備では、仲間同士で練習している様子を撮影し、動画を見ながら、発表に向けてうまくできた点、よりよくできる点について繰り返し確認しながら整理した。また、報告会本番で意識することなどを確認する場面を設定したり、教員が本番の様子を撮影し自己評価や相互評価をする際に見られるようにした。

授業の展開

	活動内容	指導上の留意点
1	本時の内容を確認する。	• 報告会の必要性について生徒が理解できるようにしたり、発表のポイントについて理解できるようにする。
2	原稿をもとに発表練習をする。❶	• 前時で作成した原稿をもとにしながら発表練習をする。仲間同士でタブレット端末に発表の様子を撮影する。
3	撮影した動画を見る。❷	• 撮影した動画と原稿を見比べながら、発表のポイントを踏まえてよい点や改善できる点を探す。

活動内容	指導上の留意点
4　報告会でがんばることを考える。❸	• 報告会の発表時にがんばりたいことについて意識化できるように黒板に記入する。
5　本時の振り返り。	• 黒板の目標を確認しながら、報告会に向けた意識を高める。

実践のポイント

▶ ❶仲間同士で発表練習を撮影しよう

　生徒所有のタブレット端末を使用して、仲間同士で発表練習を撮影する。本時内でも動画を見返して改善につなげることはもちろんだが、生徒の実態に合わせて家庭での練習にも活用可能である。準備ができたら自分から仲間へ「○○さん、お願いします」と頼んで撮影がスタート。撮影しているという状況も当日に近い緊張感を味わうことができる。また、本番に近い状況を意識するため、可能な限り報告会の会場へ移動して撮影を行うこととした。

▶ ❷撮影した動画を見てよりよい発表を目指す

　撮影が終わった後は、タブレット端末と原稿を参照しながら振り返りをする。授業の導入で、発表のポイントについて生徒と確認を行っているため、そこを意識しながら見るように促す。声の大きさ、目線、身だしなみ、正しく読めているか等、自己評価をしながら繰り返し確認する。時間があれば、もう一度発表練習を行い、撮影をして比較をするなどができると成長の様子を見ることができる。

▶ ❸報告会でがんばることを考えよう

　報告会本番で意識することについて、動画を見ながら考える。考えた目標は、1人ひとり黒板に板書していく。自分で目標を立てることと報告会後に評価（自己評価、他者評価など）を行うことによって、よりよい発表を目指すことができるように意識する。また、目標を板書し仲間に示したり伝えることで、仲間同士で応援し合ったり、評価し合ったりすることのできる環境を作ることができた。

▲ 振り返りの様子　　　　　　　　　　　　　▲ 報告会に向けた板書

応用アイデア こんなことにも使える！

▶ 映像を確認するポイントを決める

　「確認」は、様々な場所で活用できる。たとえば、各行事で行われる発表会の様子を撮影し、確認に使うことも可能だ。児童生徒の実態に合わせて、どんな視点で確認する必要があるのかは検討が必要だが、より主体的な学びをすることが「確認」を通して行える。また、作業や掃除などの手順の「確認」にも活用できる。正しい行程で行っている様子を撮影し、困ったりわからなくなったりしたら動画を「確認」することもできる。他にも、練習から本番という流れの活動がある場合は、1つひとつ撮影した動画自体は「確認」のためのツールだが、継続して撮影することによって児童生徒の成長の過程となり、努力した成果を見ることができたり、保護者に示したりすることができるだろう。

自撮りでスキルアップ！伝える力

小林 義安 （こばやし よしやす）　北海道星置養護学校ほしみ高等学園

| 学年・教科 | 高等部3年｜自立活動 | 単元・題材 | 自己紹介をしよう |
| 準備物 | タブレット端末｜ワークシート｜教員の自己紹介動画 |

本時で達成したい目標（教科のねらい）

自己紹介を撮影することを通して、自らの発表する態度を自分のペースで振り返り、より一層のコミュニケーション能力の向上を図る。

本時で大事にしたいメディア創造力

A1	Lv1	人や自然との関わりの中で体験したことから課題を発見できる。
C1	Lv3	身近な人や統計資料から得た情報を整理・比較し、伝えるべき内容を考えることができる。
C3	Lv3	自分が撮影し取材した情報を編集し、映像と言葉を関連づけて表現できる。

カメラ機能をどう使ったか

タブレット端末の動画録画機能を使い自己紹介を撮影し、確認することで自らの発表の態度を確認した。インカメラを使ったり他の生徒に撮影してもらったりして、相手に伝わるような言葉遣い、姿勢、態度などを客観的にチェックするようにした。一方で、動画を他の生徒にも見て評価してもらうことで、自分が見つけられなかった部分に気づくように設定している。その後、改善点を生徒同士で話し合うことを通して、望ましい発表の態度などについて深く学ぶことを目指した。

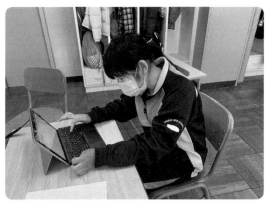

▲ 発表内容を考える生徒

▲ 生徒同士で撮影

授業の概要

学校生活や卒業後の生活において、自分の意思をわかりやすく伝える場面がある。しかし、知的障害を持っている児童生徒にとっては、上手に伝えることが難しいことが多い。従来の授業では原稿を用意して読み上げることで、取り組ませていた。しかし一方で、発表経験が少なさや、うまく伝えることができないなどの理由で苦手意識を持つ児童生徒が多い。発表場面を増やすことが最善手ではあるが、限られた授業時間の中で個別に指導することは難しい。そこで、タブレット端末の動画録画機能を使って、自己紹介という身近な発表を撮影し、評価をするという流れを学ぶことで、自ら評価して改善につなげるというモデルに気づいてくれることを期待して、授業を構成した。

授業の展開

活動内容	指導上の留意点
1 授業全体の説明。 自己紹介名人になるために、タブレットで動画を撮って確認しよう。	• 授業の大まかな流れを伝える。取り組むことを箇条書きにすることで、考えをまとめる。
2 自己紹介を撮影する。❶	• 基本的な使い方を確認後、各自が離れて動画を撮影する。
3 撮影した自己紹介を確認する。❷	• 教師の見本の自己紹介と対比しながら、評価をする。
4 他の人に評価してもらう。	• タブレットを交換し、他の人の自己紹介を評価する。
5 みんなで自己紹介で重要な部分を発表し合う。 ❸	• 自己評価、他者評価で共通する点に気づかせて発表を促し、まとめる。
6 自己紹介を再度、動画撮影する。	• 共通する改善点、自らの改善点を意識させながら撮影するよう促す。
7 振り返り・まとめを行う。 • 発表における重要な部分の確認。 • 自分でできるということの確認。	• 誰かに確認してもらうだけでなく、自分で改善・工夫を行うことができることに気づかせる。

実践のポイント

▶❶1人で発表を収録

タブレット端末の動画録画機能で、動画の撮影を行う。恥ずかしがる生徒がいる場合は、音声のみにしたり、原稿を用意して読み上げさせたりするなど、少しずつ段階を踏んで収録を行えるようにする。何回でも繰り返し取り直すことができ、失敗をとがめない環境であることを伝え、発表に対するプレッシャーを和らげる。

▶❷1人で収録したものを確認

自分で撮影したものを確認する。確認する際には、最初に自分で気づいたことをワークシートなどに書かせる。気づきが少ない場合には教師が事前収録し、端末に保存されている動画との違いに注目するよう促す。声の大きさや視線、姿勢など具体的な項目を上げたチェックシートなどを用意することで観点を明確にする。

▶❸自己紹介で大切なことをみんなで考える

ワークシートの内容をみんなで発表、交流することで、自己紹介などの発表場面における普遍的な重要点をまとめ上げる。生徒から頻出する項目は、重要度が高いのではないかということを気づかせる。一方で、全員が的外れになる場合は、教師の事前収録した動画を再度視聴することで、正しさを検証するようにする。生徒を尊重しながら、各自の発表動画を相互に評価できるようにする。

▲ 動画を確認
（QRで動画にアクセス）

応用アイデア こんなことにも使える！

今回は、自己紹介という発表場面にフォーカスしている。しかし、発表はこのようなフォーマルな場面だけでなく、ちょっとした意見表明においても片言ではあるものの行われている。上手に表現できない、言語化できていないということをどのように相手に伝える形にしていくかということを考えると、自分で何度も繰り返し動画撮影を行い、自ら動画で推敲していくこともできるのではないかと考える。文字は書くことが難しいものの、言葉は流ちょうに話すことができる生徒にとって、「読む＝伝える」ではなく「話す＝伝える」につなげていくための手法を学んでいけば、タブレット端末を使って、障害を持った生徒でも自学自習を行えるようになるのではないかと考えている。

▲ タブレット端末による自学自習

紹介 01 先生！みんな！学校でおもしろいもの見つけたよ！

津下 哲也　赤磐市立山陽北小学校（実践当時：備前市立香登小学校）

学年・教科 小学1年｜生活　　単元・題材 学校探検
準　備　物 タブレット端末

本時で達成したい目標（教科のねらい）

学校探検を通して、学校と自分との関わりに気づくとともに、学校の施設の様子について考えることができる（知識・技能）。

本時で大事にしたいメディア創造力

A3　Lv1 何事にも興味をもって取り組むことができる。
A3　Lv2 自分が見つけた疑問を、すすんで探究することができる。
B2　Lv1 映像を見て、様子や状況を言葉で表すことができる。

カメラ機能をどう使ったか

「行った場所や見つけたおもしろいものをタブレットで撮影しよう！」と声掛けした後、グループに分かれて児童は探検に出かける。実践では、校内探検グループと、中庭探検グループの2つのグループに分けて探検させた。本時は導入の授業となるため、特別教室は中には入らず、外や小窓から中をのぞいたり撮影したりするようにした。教室に戻って来た児童は、思い思いの場所やものを楽しく紹介し合っていた。

▲ 撮影する児童

授業の概要

実践は2時間扱いで行う。教員はあらかじめ、校舎内のいくつかの写真を撮影しておく。授業の導入では、「自分たちの教室」「廊下」「下足箱」など、なじみの写真を提示した後、「他の普通教室」「音楽室」「理科室」など、なじみのない場所も提示し、「どこにあるのか」「何をするところか」といった意欲を持たせる。また、中庭のウサギ小屋にいるウサギの写真や、竹馬や一輪車の写真なども提示し、「おもしろいものを見つけたい」という意欲を持たせる。グループに分かれて学校探検に出かけた後、教室に戻ってペアで紹介し合う。その後、全体でいくつか取り上げて話し合った後、さらに調べたいことを取り上げて整理しながら、学校探検の計画を立てる。

授業の展開

	活動内容	指導上の留意点
1	校内の写真を見て、めあてを持つ。 • いろんな場所やおもしろいものを見つけて伝えよう。	• 特別教室や遊び道具などあらかじめ教員が撮影しておいた写真をいくつか見せることで、探検への意欲を持たせる。❶
2	グループに分かれて探検する。 • ピアノをひくところかな。 • タイヤがつんであったよ。	• 探検するときに、見つけた場所やおもしろいものを撮影するよう指示しておく。❷❸
3	見つけた場所やものをペアで紹介し合う。 • 行ってみたいな。 • 調べたいな。	• ペアで紹介し合うことで、友達との共通点や自分が見つけていなかった場所やものにも気づくことができるようにする。
4	みんなで話し合う。 • かいだんの近くにあったよ。 • わたしも行ってみたいな。	• 児童の意見を大まかに構造化しながら板書したり、デジタルワークシートに整理したりすることで、場所やものの大まかな位置がつかめるようにする。
5	次の探検の計画を立てる。 • ほかのばしょにも行ってみたいな。	• 児童が出した意見を整理しながら校内の場所やものを順番に回れるよう探検の場所を仮に決めるようにする。

実践のポイント

▶ ❶見つけたもの・場所・人を紹介するのに最適なカメラ機能

　教科書会社の年間指導計画では、1学期の初めのほうに位置付けられている単元である。児童が接する身近な社会の第一歩である「学校」をテーマに、もの・場所・人などについて発見的に学習を進めたい。その目的のために、カメラ機能は最適である。発見したことを撮影するだけで、伝えるための資料が出来上がる。1年生は、育てたいメディア創造力の中でも「興味を持って取り組む」「疑問を進んで探究する」といったことに積極性を発揮する発達段階にある。その意欲を土台として、発見を伝えたい！という自然な流れの中で、様子や状況を言葉で表す力を育てるようにする。

▶ ❷学習を進める中でタブレット端末の最初の基本操作を身につけさせる

　発見したことを撮影して伝えるためには、まず機器を自分たちで操作できるようになる必要がある。「端末を自分で取りに行く」「電源を自分で入れる」「端末にログインする」「カメラアプリを開く」「カメラアプリで撮影する」「撮影した写真を見る」「アプリを終了する」「シャットダウンをする」「端末を片付ける」といったことを1つ1つ教えた後、活用する中で習熟させるようにする。なお、一度に教えるのではなく、時間を分けて段階的に教えるようにする。

▶ ❸探検中のトラブルへの事前指導と配慮

　端末を使い始めたばかりの1年生である。探検の途中で電源が切れたり、ログインできなかったりする場合も考えられるため、そのようなことは誰でも起こりうるということや、上手に使えなくなった場合は気にせず自分での撮影はあきらめ、友達に撮影してもらうなどの方法で対応するように伝えておく。

応用 アイデア　こんなことにも使える！

　「まず興味にしたがって情報を集める」→「集めた情報を紹介し合う」→「授業のねらいを含めた新たな追究課題の設定と探究」という学習の流れは、他の学年・教科・単元（特に生活科や理科や総合など）にも応用できる、汎用性のある授業デザインであると考えている。たとえば3年生や4年生の理科では、校庭の草花や生き物を写真や動画で撮影し、クラスに持ち帰って紹介し合った後、3年生であれば、植物や昆虫の成長につなげ、4年生であれば、植物や生き物と季節（気温）の関係につなげていく。1人ひとりの興味や疑問に応じて写真を撮影しているので、「おもしろいものあったよ！」と友達や先生に伝えたい気持ちがわいてきて、「本時で大事にしたいメディア創造力」に示した力が育っていく。

紹介
02

いきものとなかよし　大さくせん！

川端 ゆうき　ひたちなか市立中根小学校

学年・教科	小学1年｜生活	単元・題材	あきとなかよし

準　備　物　タブレット端末｜電子黒板｜シール｜ワークシート｜虫マップ用の校舎の図

紹介
02

いきものとなかよし　大さくせん！

本時で達成したい目標（教科のねらい）

虫によってすみかが違うことに気づき、なぜ違うのかを考えることができる。

本時で大事にしたいメディア創造力

C3　Lv2　自分が撮影した映像をもとに、取材した内容を言葉にして表現できる。

カメラ機能をどう使ったか

前時の学習で、児童はペアで1台のタブレット端末を持って、校庭や畑などに虫を見つけに行った。ペアで協力しながら、見つけた虫や場所をカメラ機能を使って撮影し、記録した。ペアだけでなく、近くにいた友達とも自分たちが撮った写真を見せ合いながら、リアルタイムで情報や思いを共有していた。本時では、児童が撮影した写真を活用し、写真を見せながら学習課題を確認したり発表したりした。

▲ 見つけた虫や場所を撮影する児童

授業の概要

校庭や畑にいる虫や、虫のすみかについて、自分たちだけの「虫マップ」にまとめていくという課題を単元の最初に設定することで、「どこにどんな虫がいるのか知りたい」「虫を飼育してみたい」という児童の思いにつなげていった。前時までに校庭や畑で虫を探し、すみかや虫の写真を撮影し、記録しておいた。本時では、その写真を用いて虫の種類やすみかについて話し合っていった。写真を電子黒板に映しながら、どこにどんな虫がいたかを発表した。虫マップには、虫ごとに色の違うシールを用意し、生息している場所にシールを貼っていった。その後、児童にとって違いがわかりやすいバッタとダンゴムシに焦点を当て、それぞれのすみかの違いとその理由を考察した。

授業の展開

活動内容	指導上の留意点
1　前時までの活動を振り返り、本時の学習課題を確認する。❶ むしマップをまとめて、じぶんがかいたいむしがどこにいるのか、かんがえよう。	• ワークシートや、虫探しをしたときの写真を見ながら、前時までの活動を振り返る。
2　「なかねしょう　むしマップ」を作り、気づきを発表する。 • どこに、どんな虫がいたのかを発表し、虫マップ上に表す。❷	• 前時までに撮影した、虫や虫がいた場所の写真を見せながら発表するようにする。❸

活動内容	指導上の留意点
3　どうして虫によって、いる場所が違うのか考える。	• バッタとダンゴムシの2つに焦点を当てて思考させる。
4　本時の学習を振り返り、次時への見通しを持つ。	• 児童が飼育してみたい虫を決められるような振り返りにする。

実践のポイント

▶ ❶ペアでの写真撮影

　ペアでの活動にすることで、1人の児童が見つけた虫を手で持ち、もう1人の児童が撮影をするということができた。また、撮影した写真を児童同士で見返しながら、よりよい角度を探したり、ズームをしたりするなど、児童自身が考えながらカメラ機能を活用していた。事前に、必ず全員が写真を撮影することを約束したため、端末を独り占めすることなく、活動することができた。

▶ ❷虫マップづくり

　虫マップを作る際に気をつけたことは、虫によって色の違うシールを用意したことである。どの色がどの虫に対応しているかが一目でわかるように、ロッカーの上にシールを置き、虫の名前を書いた張り紙を貼った。事前に虫マップを小さくしたワークシートに見つけた虫を書く活動をしたことで、児童が積極的に虫マップづくりに参加でき、「みんなで作った世界で1つだけの虫マップ」として、達成感も得ることができた。作成後は、常に目に入るように廊下に掲示することで、児童の「虫と仲良くなりたい」という思いを高めることができた。

▼ 虫マップづくり

▲ ワークシート

▶ ❸写真を見せながら発表

　GIGAスクール構想前の実践のため、児童が撮影した写真は、Wi-Fi環境下のパソコン室で児童にフォルダに入れてもらい、発表の際には教員が端末を操作し、写真を電子黒板に提示した。Wi-Fiや1人1台端末が整備された現在の教室であれば、児童の端末から直接写真を電子黒板に映し出し、発表することが可能である。事前に児童が写真を整理し、発表に使用する写真を選択しておくことで、スムーズに発表できる。

応用アイデア　こんなことにも使える！

　図画工作科の振り返りの場面でカメラ機能を活用した。ミライシードのオクリンクで、作品全体の写真と、一番のお気に入りポイントがわかるような写真を撮影し、振り返りカードを作成した。評価の材料としても大いに役立った。この活動を応用し、学年最後の生活科では、新1年生に小学校について紹介する活動を行った。自分が紹介したいこと（1日の流れ・授業など）を決め、それに関する写真や動画を撮影し、紹介資料を作成し発表した。オンライン授業では、カメラ機能を多く活用した。図画工作科では、学年全員で粘土を使って作品づくりをし、友達が作っている様子を見たり、途中で発表を聞いたりするなど、一緒に作品づくりを楽しむことができた。その後、写真に作品名を追加して提出した。

▼ 小学校を紹介する写真の撮影

きりんとわたしとおかあさんとどうぶつえんでおさんぽ。

▲ 図画工作科の作品を写真撮影

紹介 03 "映える"写真を撮ろう！

林 文也（はやし ふみや）　札幌市立澄川中学校

| 学年・教科 | 特別支援学級1〜3年｜生活単元学習　単元・題材 "映える"写真を使って |
| 準　備　物 | タブレット端末（Chromebook）｜被写体になるもの（具体物）｜Google Jamboard｜Google サイト｜Google フォーム |

本時で達成したい目標（教科のねらい）

- タブレットなどの情報機器に触れ、体験したことなどを他者に伝えることができる。
- 情報機器を使用する際のルールやマナーを知る。
- 写真を使って、自分の好きな（もの・こと）について簡単に説明することができる。
- 自分が体験した内容を他者に伝えることができる。

本時で大事にしたいメディア創造力

| B2　Lv2 | 映像の内容を読み取り、言葉や文章で表すことができる。 |
| D2　Lv2 | 相手の反応を受けて、どのように伝えればよかったか理解できる。 |

カメラ機能をどう使ったか

Chromebookのインカメラ、アウトカメラを使用して写真を撮影した。撮影場所、被写体の位置などを工夫し、撮影時にはカメラの縦横や自分自身の姿勢、逆光などを考えて撮影した。撮影した写真は編集機能でコントラストなどの調整をした。

◀カメラ機能を使った写真撮影

授業の概要

保護者や先生、級友に自分が"映える"（美しい・かっこいい）写真を紹介する授業である。テーマは、「学校で好きな○○」とし、学校で自分が興味関心のあるものを級友、教員、保護者に紹介するためにChromebookのインカメラ、アウトカメラを使用して撮影した。クラス全員の写真を見ることができるように、Google サイトで「映えコンテスト」と題した紹介ページを作成し、生徒が撮影した写真、写真のタイトルと選んだ理由、エピソードなどを紹介した。

生徒は帰宅後、保護者に紹介ページの自分の写真を紹介し、感想をGoogle フォームに入力してもらうようお願いした。そして次の授業で、保護者からの感想や級友、教員からの感想を全員で共有した。

授業の展開

	活動内容	指導上の留意点
1	本時の課題をつかむ。 "映える"写真を使って。	• 写真を使って「学校で好きな○○について」どんなことを紹介したいのか考える時間を設ける。
2	どのような被写体を選ぶのか考える。❶	• 被写体が人物になったときなどの情報モラルについても触れ、撮ってはいけないものと撮るときに許可がいるもの、許可がいらないものの3つに分け学習させる。
3	写真の撮り方について考える。	• 景色を撮るときには、窓を開けるか閉めるかなど、カメラだけではなく、被写体への工夫も考えさせる。人に見てもらうことを考えるために、撮った後に確認する時間を設ける。

	活動内容	指導上の留意点
4	写真を撮る・加工する。❷	・機器を操作すること（インカメラ、アウトカメラ、ビデオ機能、カメラ機能）と被写体（動かしながら撮る、置く場所）などの2つに分けて説明する。
5	写真のタイトル・紹介文を考える。	・Google Jamboard を使用し、写真の説明を付箋に記入させて、話したい順番に並べ替えさせる。
6	Google サイトで紹介ページを作る。❸	・テンプレートを使用することで、安易に作成させる。
7	本時の振り返りを行う。 ・保護者にどんな説明をしようか。	・保護者へ感想をお願いすることも、自分で頼めるように練習する。

実践のポイント

▶ ❶撮影モラル

カメラを使う際の撮影モラルについても考える場面を設けた。「勝手に撮ってはいけないものは何だろう？」の問いに対して、「人物」「車のナンバー」という意見が出た。撮影モラルを「撮ってはいけないもの」「撮るときに許可がいるもの」「許可がいらないもの」の3つに分けて学習を進めた。

▶ ❷撮った写真の加工

写真の加工には、Google フォトを利用した。スライダーを使用して、明るさ、コントラスト、彩度を編集することができる。編集結果がすぐに反映されるため、視覚的にもわかりやすく編集ができた。

▲ 撮影した写真の加工

▶ ❸Google サイトを活用

Google サイトのテンプレートを活用し、限定公開で、写真の紹介ページを作成した。Chromebook を生徒が持ち帰り、家に帰ってから保護者に紹介をした。写真を見ながら学校のことを身近な家族に紹介することで、学校であったことなど他の会話にもつながり、家庭内での会話にもつながった。また、Google フォームでアンケートを取ることで、保護者がどのような感想を持ったのかなどを次の授業で交流することができた。

▲ 紹介ページ（Google サイトで作成）

応用アイデア こんなことにも使える！

理科の授業で、植物の栽培や蚕の飼育について、Google Jamboard で観察日1日につき1枚まとめを作成した。内容は、育て方を調べたサイトのURLや育て方のポイントに加え、日々の成長記録を写真に撮ってまとめた。「"映える"写真を撮ろう！」での経験も活かされ、紹介したい事柄についてわかりやすい写真が撮れるような工夫をしていた。また、同じ位置から撮ることや、比較物（定規や手など）で誰でもおおよその大きさがわかり、変わらないものにするなど、成長を見返したときにわかりやすい工夫についても考えた。

毎時間記録した後には、育てている植物の育ち具合や色、形など、写真に撮ったものを紹介した。実を収穫した後には、植物が枯れるまでのライフサイクルについて、テレビにタブレット端末を接続し、紹介した。

▲ 理科の授業でカメラ機能を活用

♣ 紹介 04　ここが一番好き！ お気に入りの本をしょうかいしよう

佐藤 幸江（さとう ゆきえ）　放送大学（実践当時：横浜市立大口台小学校）

学年・教科	小学2年｜国語	単元・題材	お気に入りの本をしょうかいしよう

準 備 物　タブレット端末｜紹介したい本｜「しょうかいカード」作成用の紙またはロイロノート

本時で達成したい目標（教科のねらい）

- お気に入りの本を紹介するために、話す事柄を考えて、順序よく話すことができる。
- 話し手が伝えたい大事なことを落とさずに、興味を持って聞くことができる。

本時で大事にしたいメディア創造力

B3　Lv1 制作物には、人を感動させる魅力があることを理解できる。
C2　Lv1 相手に応じて、絵や写真などの言語以外の情報を加えながら伝えることができる。

カメラ機能をどう使ったか

　学校図書館などで、実際に多くの本を見ながら1冊の本を選び、「しょうかいカード」を作成して友達に自分のお気に入りの本として紹介する。紹介の際、感想を伝え合うために「題名・作者名・登場人物・主な内容・好きなところ」が伝わる部分の写真をタブレット端末で撮影する。撮影する箇所は、「題名と作者」のある「表紙」を1枚、好きな登場人物の様子がわかる場面を1枚、主な内容を伝えるために2枚、計4枚を指示する。ただし、何枚か余計に写真を撮影し、グループの人にどちらがうまく伝わるか相談することも可とした。「しょうかいカード」の作成は、たとえば、ロイロノート等の学習支援アプリを使うと、4枚をつないで連続的に紹介できる

授業の概要

　これは、筆者が現役の教員時代の実践であり、タブレット端末の活用のはしりである。今のように専有のタブレット端末があったらよいなと思いつつ、グループ1台で共有をしていた。しかし、低学年の児童は、この道具をとても大事にしていて、順番に使っていたし、グループで係を決めて、帰りにはタブレット端末を充電器に接続して、次の日に困らないようにしていた。本活動では、登場人物の行動や会話、出来事などに着目してあらすじを捉えたり、場面の様子や登場人物の行動や気持ちを想像しながら読んだりする活動を自立的に行えるよう工夫した。これまでの読書生活を振り返り、「お気に入りの本をしょうかいしよう」（光村図書：国語2年上）という学習課題を設定し、「しょうかいカード」を作成し紹介し合い、紹介された本の中からこれから読みたい本を決めるなど、読書好きの児童の育成を目指した実践である。

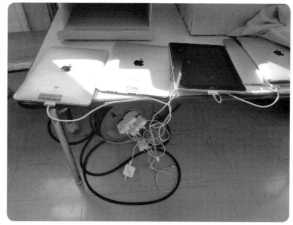

▲ グループの端末を充電して帰る

授業の展開

活動内容	指導上の留意点
1 　活動内容を確認する。❶	• 教科書の挿絵で、どのように発表し合うのかを確認する。教科書の挿絵では、実物の本を見せて話しているが、本実践ではタブレット端末を使っての発表となる。
2 　学校図書館や自分の本の中から友達に紹介したい本を選び、お気に入りの人物、場面を何枚か撮影し、グループの人に紹介し、どれが一番伝わるか考える。❷	• 1人ひとりが紹介したいポイントの情報を吟味できるように、何枚か撮影し、グループで相談しアドバイスし合う時間を確保する。
3 　クラス全体に紹介する。	• グループでのアドバイスをもとに情報を修正し、クラス全体に紹介する。ここでは、拡大提示装置を使う。
4 　本時の活動を振り返る。	• 友達に紹介することの面白さ、どんな本を読みたくなったか等を記述する。

実践のポイント

▶ ❶教科書の挿絵をもとに、活動のイメージを持つ

　活動のめあてやゴールを明確にすることが、見通しを持って主体に学ぶ姿勢へとつながる。今であれば、デジタル教科書を使って挿絵部分を拡大提示し、「何を、どのようにしているか」を挿絵から読み取り、それを言語化して確認し合うことができる。

▶ ❷「自分の好きな人物や内容が伝わるかな」と問い直す

　グループ内で、「題名・作者名・登場人物・主な内容・好きなところ」が伝わる部分写真を提示しながら、紹介する。もし、まだ紹介したい場面が決まっていない場合には、何枚か撮影した写真を見せながら、グループの人に相談をする。聞きたい相手にとって、有効な情報はどんなことなのか、教員はグループを回りながら「自分の好きな人物や内容が伝わるかな」と問いかけていくようにする。複数撮影した写真の中から紹介したい内容を吟味し、より適切な写真を選択する力を育成したいと考えた。

▲ グループでの話合い（イメージ写真）

応用アイデア　こんなことにも使える！

　目的を持って写真を撮影し、友達に紹介する活動は、低学年のタブレット端末の活動の初期として様々な学習活動で応用できる。また、日直の「友達のよいところ」を紹介する等の日常的な活用も期待できる。1人1台端末環境がなかったときには、「写真を撮る」という活動は、「デジタルカメラを準備し、それをパソコンに取り込んで」というような手間がかかったため、低学年では教師主導で行う学習活動が多かった。しかし、1人1台端末環境となった現在は、学習者が主体となって行うことができる。ただし、「撮影するときの困ったこと」「撮影されて困ったこと」等、様々な事態が起きたときに素早く対応することも心がけたい。

♣ 紹介 05 絵本の世界に、iPadで飛び込もう

岡本 光司　金沢大学附属小学校
おかもと こうじ

学年・教科 小学2年｜国語　単元・題材 想像を広げて読もう　スイミー
準 備 物 タブレット端末（iPad）｜レオ・レオニの絵本（並行読書）｜Keynote

本時で達成したい目標（教科のねらい）

絵本の物語から想像を広げ、登場人物の心情や場面の様子を捉えながら、自分自身を登場人物にした物語を作ることができる（思考・判断・表現）。

本時で大事にしたいメディア創造力

C2　Lv1 相手に応じて、絵や写真などの言語以外の情報を加えながら伝えることができる。

カメラ機能をどう使ったか

レオ・レオニの絵本『スイミー』の学習をきっかけに、レオ・レオニ作の平行読書の中から、お気に入りの1冊を選ぶ。さらに自分が入りたい絵本の世界の1ページを選んでiPadで撮影する。そのページの登場人物と、どんなお話をして、どんなことをするのかを決めたら、そのポージングをしてグリーンバックで撮影し、Keynoteのインスタントアルファ機能を使って背景を切り取り、絵本のページに挿入する。合成写真を使うことで、自分自身が本の世界に飛び込むことができる。

▲ 合成前（左）と合成後（右）の写真

©好学社

授業の概要

単元第二次でスイミーの学習を終え、第三次ではレオ・レオニ作の絵本の並行読書を行い、自分が紹介したい1冊を選ぶ。ただ絵本の紹介をするだけではなく、「絵本の世界に飛び込んでみたい」「一緒にフレデリックと遊びたい」という、子どもらしい純粋な願いをICT活用によって実現する。児童は、物語の世界に自分が入り込んで、「登場人物と一緒にお話ししたり遊んだりする」という目的を持って物語を想像する。その活動をするためには、登場人物の心情や、場面の前後の様子を捉える必要がある。これによって、国語科の教科のねらいを自然と達成することができる。このように、楽しい活動を通して、児童の願いと教科のねらいが一致するようにした。

授業の展開

	活動内容	指導上の留意点
1	本時の課題をつかむ。 絵本の世界に飛び込もう。	• 例を提示し、自分たちもやってみたいという意欲を高める。
2	どんな物語にするかを考える。❶	• 物語を考えることで、写真撮影のポーズを決める。
3	写真を撮影する。	• 場面の様子を考えさせながら、目線やポーズを調整して撮影する。
4	写真を合成し、物語紹介カードを作る。❷	• 大きさや角度、配置の作業を行わせ、修正の必要があれば再撮影する。
5	学習の振り返りを行う。 • 他の絵本の世界も楽しそうだな。こんなふうに想像しながら本を読むと楽しいな。	• 他の児童の紹介カードを見て、これからの読書生活への活用の見通しを持たせる。

実践のポイント

▶ ❶こんなポーズで物語に飛び込みたい

グリーンバックの前でポージングをする際、はじめのうちは、児童はふだんの写真撮影のように正面を向いてピースサインをしていた。そこで、「フレデリック（登場人物）と何をしたいの？」「なんてお話しているの？」と問うと、「一緒に食べものを運びたい」「"一緒に頑張ろう"って話しかけている」など、想像する物語がより具体化されていき、ポージングもよりダイナミックになっていった。こうした教員と友達のやりとりを見ていた児童は、最初から具体化したポーズで撮影することができた。

▼物語に溶け込む児童

©好学社

▶ ❷ICTのよさと紙のよさ

今回の実践では、2年生という発達段階、iPadの導入初年度という実態もあり、写真の撮影と合成だけをiPadで行い、紹介カードは紙の手書きで行った。写真を印刷して貼り付けるという手間はかかるものの、写真の上に吹き出しを付け加えることで、物語の中の登場人物とのやりとりをより具体的に表現することができた。児童の発達段階に合わせて、紙のほうが言語活動がスムーズに行える場合は、このように紙とICTを組み合わせた活用も有効であった。また、紙で紹介カードを作ったことで、「2年1組レオ・レオニ美術館」と題して教室掲示をして多くの人に見てもらうことができ、児童が掲示を使って他クラスの友達に紹介する姿も見られた。

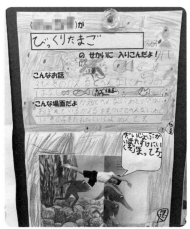

▲ 紹介カードを作って教室掲示　　©好学社

応用アイデア こんなことにも使える！

合成写真を使って、自分自身が画像の中に飛び込むという活動は、様々な教科において活用できる。たとえば、英語科で外国の紹介をする際に、自分がその国に行って何かをしている写真を合成で作ることで「I can play ○○ in ○○.」のような表現の活動を、紹介カードを使って行うことができる。また、社会科歴史など、高学年の授業であっても、より高度に写真に写された人物との対話を吟味して考えさせるような学習にすることで、教科のねらいに到達するきっかけとなる活動にすることもできるだろう。たとえば、江戸城無血開城のシーンの写真に、西郷隆盛と向き合う勝海舟の席に児童の写真を合成して、「もし自分が西郷さんと話すとしたら」という想定で考える際の導入として活用すると、より自分事として思考することができるかもしれない。

♣ 紹介 06

目的に合わせて何度も再取材！
地域の情報を写真で伝える

近藤 睦（こんどう むつみ）　横浜市立宮谷（みやがや）小学校

| 学年・教科 | 小学3年｜総合的な学習の時間 | 単元・題材 | 地域のけんこうパワーON！けんこうトリムコースをつくろう |
| 準備物 | タブレット端末｜ロイロノート・スクール |

本時で達成したい目標（教科のねらい）

コースマップを見た人に、歩きたいと思ってもらうための情報と、その情報に合った写真を選んで挿入し、協力して地図を仕上げることができる。

本時で大事にしたいメディア創造力

A1　Lv2 地域社会と関わることを通じて課題を発見できる。

C2　Lv2 相手や目的に応じて、図表や写真などの表現手段を選択することができる。

カメラ機能をどう使ったか

3年生社会科のまち探検では、社会科の地理的・空間的視点で撮影し、地域の地形や施設などの特徴の理解を深めた。その後、総合的な学習の時間で、地域の特徴を利用したトリムコース（健康遊具を取り入れたウォーキングコース）を設定する活動を行った。その際は、再度目的に合わせた写真を撮影し直し、活用した。

▲ 3年生社会科の写真撮影

▲ 目的に合わせて再取材し、撮影

授業の概要

コロナ禍で、外遊びが減ったり、家族がリモート勤務で巣ごもりがちになったりしたことから、児童は家族みんなで運動できる場の必要性を感じていた。学区は起伏が激しく、急な坂道や階段が多い地形である。また、近隣には自然豊かで市民から愛されている運動公園や、身近な児童公園がある。それらを活かして学区の街並みそのものをトリムコースにしようと考えた。学区を方面別に分け、それぞれが歩き慣れていて何度も取材できるよう、自宅近くの場所を中心に担当することにした。デジタルマップを作成し、自分が撮影した写真をもとに、「歩きたくなるポイント」をマップ上に示した。さらに、家族と一緒に歩いたり、地域の人におすすめしたりする活動を取り入れた。

授業の展開

活動内容	指導上の留意点
1　活動内容を確認する。	● どんな人に歩きたいと思ってもらうためのコースなのかを具体的に考え、情報に合った写真を選んで挿入し、協力して地図を仕上げることを意識できるようにする。
2　グループごとにマップ作成を進める。❶	● 1人ひとりが紹介したいポイントの情報と写真が合っているのか、別の候補写真と見比べながら吟味できるように、クラウドサービス内で写真を共有する。
3　全体で共有する。❷	● 悩んで決定できずにいるグループの写真を取り上げるなどして、思考場面を設定する。
4　本時の活動を振り返り、次時までの見通しを持つ。	● 本時の活動場面での気づきだけでなく、次時までの再取材の必要性や、その具体的な計画、次時以降の見通しも持つことができるよう支援する。

実践のポイント

▶ ❶ 地図と対応させ、情報と写真を正確に共有する

　1人ひとりが取材する、自宅に帰ってから集まって再取材するなど、学校の活動外で集めた情報については、地図と対応させながら、グループ内でしっかりと共有する。その情報は、読んでほしいと考えている読み手にとって有効な情報なのかを視点に、盛り込んでいく情報を決定する。その上で、複数撮影した写真の中から適切な写真を選択していく。

▼ グループで共有

▶ 傾斜が厳しい坂の写真

▶ ❷ 「伝えたい内容に合った写真とは」と問い直す

　マップ作成の際は、グループごとに進捗がずれ、それぞれのグループが試行錯誤を続けながら再取材と再構成を繰り返し、同じような授業が数時間継続されていく。そのような中、思考場面は意図的に設定したい。傾斜が厳しい坂の紹介をする際に坂を見下ろす写真を用意していたグループは、考え直して再度、上り坂の厳しさを示すために写真を撮り直していた。また、カメラを歩道に置いて、より地面に近い視点からの写真を撮影する工夫をしていた。全体共有の場面では、教員はこのような例を取り上げて全体に示すことで、他のグループの新しい気づきにつなげていく。

▲ 作成したマップ

応用アイデア　こんなことにも使える！

　マップ上に紹介したいポイントを示す手法は、学年やテーマが変わっても「紹介」や「説明」の場面として使える手法である。高学年での、街の防災マップや、便利な施設を紹介するマップをつくるような活動にも応用したい。ポイント地点を示すアイコンをタッチすると、紹介するポイントの詳しい説明が大きく示されるようプログラミングしたり、アプリに応用して活用したりして、デジタルのよさを活かしたマップにすることで、活用の幅が広がる。

▲ 街のポイントを示したマップ

♣ 紹介 07 フォト俳句で俳句の読みを可視化させよう

石田 年保　松山市立椿小学校
（いしだ としやす）

学年・教科 小学3年と6年 | 国語・図画工作　**単元・題材** フォト俳句を作ろう
準 備 物 タブレット端末 | プレゼンテーションソフト

本時で達成したい目標（教科のねらい）

児童の俳句、および、写真と言葉を組み合わせた表現力を高めるとともに、俳句の楽しさを感得させる。

本時で大事にしたいメディア創造力

B2　Lv3 映像の目的や意図を自分なりに読み取り、言葉や文章で表すことができる（俳句の句意を読み取り、俳句にあった映像を撮影し、文字のデザインを工夫しながらフォト俳句を創作することができる）。

D3　Lv2 他者との関わりを振り返り、相手の考え方や受けとめ方などについて、感想を持つことができる（互いの作品を評価し合う活動を通して、俳句の解釈の違いの面白さを味わう）。

カメラ機能をどう使ったか

グループで俳句に合う写真を試行錯誤しながら撮影した。その中で、写真の対象物やアングルに変化が見られた。この変化は、写真と俳句を往還させながら撮影を繰り返すことで、俳句の読みが深まったことを示している。また、写真は個々の俳句の解釈を顕在化させ、俳句の読みに対する話合いを活性化させた。

全体を俯瞰　　　　　　　　　　作者の視点　　　　季語と作者の心情

▲ 読みの深まりを示す写真の変化

授業の概要

俳句は、文字数が著しく制限されているために省略や飛躍が多く、意味の隙間を読み手の知識や経験で埋める必要がある。また、作り手と読み手の句意のズレの認識が、俳句の楽しさの本質につながる。そこで、俳句を詠んで感じたイメージを映像化して表現することを通して、1人ひとりが感じた句意の違いを味わおうと考えた。本実践では、6年生児童の俳句を創作する。そして、3年生が6年生の俳句にあった写真を撮影し、俳句と撮影した写真を組み合わせてフォト俳句を創作する。それを全校で鑑賞する実践である。

▲ フォト俳句作品

授業の展開

活動内容	指導上の留意点
1　6年生が俳句を創作し、代表作品（数点）を決定する。（6年生）	• 俳句の詠みの楽しさを味わうことができるように、地域人材を活用したり、NHK for School『お伝と伝じろう　今日は句会』の番組を活用したりして、俳句の作り方や楽しみ方を理解させる。

活動内容	指導上の留意点
2　3年生が俳句に合う写真を撮影する。（3年生）	・6年生が創作した代表作品の情景を思い浮かべ、より共感できた句を選ぶ。選択した句ごとに、4人程度のグループを作り、3年生が思い浮かべた情景をもとに、対象物やアングル等を考え、その句にふさわしい写真を撮影する。❶
3　3年生が写真と俳句を組み合わせる。（3年生）	・効果的に表現できるように、文字の色・フォント・大きさ・配置について意識させる。
4　全校投票による優秀作品の選出（全校）※課外	・3年生が制作したフォト俳句（代表作品ごとに数点）に対する全校投票を行い、代表作品の各句から、1作品ずつ優秀作品を決定する。
5　全校でフォト俳句鑑賞会を行う。	・全校投票で選出された5つの優秀作品の紹介と、その作品のよさを参加者で伝え合う。 ・俳句と写真の組み合わせで情景がより思い浮かべやすい最優秀作品を選ぶ。❷

実践のポイント

▶ ❶グループで試行錯誤しながら撮影！

　グループ（4名程度）で俳句に合う写真を撮影する。自分たちが想像した句意（作者の気持ち）が伝わる写真について、対象物やアングルなどを考えさせる。季語を表す情景と12音で表現された具体の情景の2つのパターンを考えさせることにより、児童の発想が広がっていく。また、全体を写すのか、部分を切り取って写すのかを考えさせても面白い。撮影した写真を見つめ直し、写真撮影を行っていく中で、児童の俳句の詠みが深まっていく。

▶ ❷最後に俳句の作者と写真の撮影者が対面！

　フォト俳句のよさを伝え合った後、写真があることで俳句の情景をより際立たせる組み合わせだと判断したフォト俳句を最優秀作品として、参加者全員で選ぶ。このとき、俳句と写真を撮影した作者が初めて対面し、俳句や写真に込めた思いを伝え合う。この対話の中で、6年生が写真と自分の想像との差異について語り、思い描く情景の違いによる俳句の詠みの楽しみの本質に迫っていくことができた。俳句の詠みの違いの面白さに気づくことができるように、教員が意味づけ・価値づけしていくことが肝要である。

応用アイデア　こんなことにも使える！

　学校間交流で、タブレット端末によるテレビ会議で、フォト俳句の鑑賞会を行うことも考えられる。地域や学年によって感じ方が違う場合もある。また、保護者にもアンケートを実施して参画してもらうことで、子どもと大人の感じ方や考え方の同異点がわかり鑑賞会がより楽しく意味のあるものになる。

<保護者の感想（抜粋）>
・窓から先生の威勢のいい声が今にも聞こえてきそうなフォト俳句でした。さて、威勢のいい声は、まさか怒られてませんよね（笑）。
・夏休み前で子どもたちがウズウズわくわくしている中、それを抑えるように先生の声がいつもより大きくなる、そんな晴れた暑い日の夏の授業の光景が懐かしく目に浮かびました。

◀ フォト俳句の撮影風景

▶ グループでの相談

◀ フォト俳句鑑賞会の様子

▶ 作者と撮影者が対面

▼ 学校間交流の様子

▶ 保護者が選んだフォト俳句

♣
紹介 08

友だち紹介プレゼンテーション

前田 康裕（まえだ やすひろ）　熊本大学大学院教育学研究科（実践当時：熊本大学教育学部附属小学校）

学年・教科 小学3～6年｜学級活動等　**単元・題材** 友だちのよさをみんなに紹介しよう
準 備 物 タブレット端末｜構想シート（ストーリーボード）｜付箋紙（保護者用）

♣
紹介
08

友だち紹介プレゼンテーション

本時で達成したい目標（教科のねらい）

学級の友達のよさについて取材して保護者に映像と言葉で紹介する。

本時で大事にしたいメディア創造力

A3　Lv3　課題に対して、相手意識・目的意識を持って主体的に取り組むことができる。

C3　Lv3　自分が撮影し取材した情報を編集し、映像と言葉を関連づけて表現できる。

D2　Lv3　相手の反応を受けて、次の活動にどのように活かそうかと具体案を考えることができる。

カメラ機能をどう使ったか

　事前に取材をして構想を練り、その目的に合わせて撮影することがポイントとなる。たとえば、「ピアノが得意なこと」を表現する場合は、ピアノを弾いている様子をどのように撮影すればよいのかを考えさせる。また、「誰にでもやさしい」ということを表現するためには、どのような具体的な場面を撮影すればよいのかも考えさせる。そして、写真や説明をスライドに入れながら映像と言葉が関連できるようにしていく。

▲ 構想を寝る

▲ 撮影する

▲ 編集する

授業の概要

　男女でペアを作り、「授業参観のときに、お互いのよさをおうちの人に向けて紹介しよう」という学習課題を設定する。あえて目的は児童に考えさせる。「男女が仲よくなる」「それぞれが知らないよさを知ることができる」「おうちの人に自分の児童のよさを知らせることができる」といった答えを引き出しながら、相手意識と目的意識を高める。

　制作に関しては、まず、相手のよさを他の児童に尋ねながら取材をしていく。次に、撮影したい写真を考えてスライドの構成を考える。そして、実際に撮影してスライドを作成し、お互いに何度も見せ合いながら発表の練習を行う。授業参観のときに、ポスターセッション形式で保護者に紹介し、感想をもらう。

授業の展開

活動内容	指導上の留意点
1　学習活動のねらいをつかむ。 　男女ペアになって、授業参観のときに、お互いのよさをおうちの人に向けて紹介しよう。	• 目的を児童に考えさせることによって、相手意識と目的意識を高める（男女が仲よくなる。それぞれのよさを知り、保護者に伝えることができるなど）。

活動内容	指導上の留意点
2 相手のよさを他の友達から取材をし、スライドの構想を考えて書く。❶	• 取材をすることで、情報を収集する力と構想する力を高める。
3 相手のよさを伝えるための写真を撮影する。	• 特技を披露している様子や性格を表せるような場面を撮影できるようにする。
4 写真や文字を入れながらスライドを作り、プレゼンテーションの練習を行う。❷	• スライドの順番や映像と言葉が効果的に関連できるようにする。
5 授業参観のときに、ポスターセッション形式で相手のよさを保護者に紹介する。❸	• 何度も発表ができるようにする。 • 保護者から感想がもらえるようにする。
6 相手のよさを知ることの意義や学習活動そのものについて振り返る。	• 学習活動の意味と情報活用の方法を振り返らせ、次に活かせるようにする。

実践のポイント

▶ ❶事前の取材の重要性を実感させる

　伝えたい相手本人から「よいところ」を聞くだけではなく、他の友達からも取材をすることがポイントとなる。「絵が上手」「ピアノが得意」といった特技だけではなく。「係活動を熱心に行う」「誰に対してもやさしい」といった人柄についても共有することで、学級の雰囲気がよくなり、目的を意識して情報を取材することの重要性を実感させる。

▲ 取材する

▶ ❷相互評価による練習を重視する

　練習の段階では、相手のよさを本人に向かって伝えることになる。映像と言葉がそれぞれ関連するように、お互いに相互評価しながら練習できるようにする。その過程で、スライドの内容や順番を修正できるようにする。また、表情や視線、明確な音声といった発表の仕方についても指摘し合って、ブラッシュアップできるようにする。

▲ 練習する

▶ ❸保護者へ一言コメントを依頼する

　本番の授業参観では、保護者に付箋紙を配布し、児童の発表を聞いた後に簡単に感想を書いてもらって発表者に渡すように依頼する。たとえば、「ピアノが弾いている姿がとってもよかったです。」「自分の子どものよさを改めて知って、親としてうれしく思いました。」といった一言コメントでよい。そのことで、児童は、情報を伝えることができて目的を達成できたという満足感を持つことができる。

▲ 本番で発表する

応用アイデア こんなことにも使える！

　　映像と言葉を使って何かを紹介する学習は様々に応用できる。たとえば、「自分の学校にいる教員の仕事（国語科）」「地域にある史跡を見学したこと（社会科）」「自分の町のユニバーサルデザイン（総合的な学習の時間）」といった内容は教科等でも応用が可能である。重要なことは、取材をして構想を練り、学級の中で相互評価を行いながら、相手や目的に応じて映像や言葉の表現を工夫できるようにすることである。さらに、本番は学級の外の人物（保護者や地域の方々等）に情報を発信しフィードバックをもらうことで、児童の満足感を得られるようにする。

▲ 教員の仕事

♣ 紹介 09 クラブ活動リーフレットを作ろう

津下 哲也　赤磐市立山陽北小学校（実践当時：備前市立香登小学校）

学年・教科 小学4年｜国語　**単元・題材** リーフレットを作ろう（アップとルーズ）
準 備 物 タブレット端末

本時で達成したい目標（教科のねらい）

　相手や目的を意識して、経験したことから書くことを選び、集めた材料を比較して伝えたいことを明確にすること（〔書くこと〕思考力・判断力・表現力）。

本時で大事にしたいメディア創造力

　C2　Lv3　相手や目的に応じて、図表や写真などの表現手段を意図的に選択することができる。

カメラ機能をどう使ったか

　児童は前の小単元で、「アップとルーズ」（光村図書：国語4年上）という説明文の学習をしている。そこでは、アップの写真は細かい様子がよくわかり臨場感が伝わる、ルーズの写真は全体の様子が捉えられるよさがある、といったように構図によって伝わり方が変わることを学習している。これを活かし、「クラブ活動を3年生に紹介しよう」をめあてに、リーフレットを作成させる。写真を撮影する際、アップとルーズの2つの観点を意識した写真を撮らせるようにする。

▲ 作成したリーフレット

授業の概要

　本時の活動は大きく2つに分けられる。前半は、事前に撮影しておいたクラブ活動の写真を各自の視点で2枚選んだ後、同じクラブのメンバー同士で集まって写真を検討する活動である。前単元で学習した構図の視点で写真が選ばれているか、よりわかりやすい写真はないかなどをお互いに検討させるようにする。後半は、選んだ写真の説明をもとに、リーフレットの組み立てを考える場面である。全体を、「はじめ・中・おわり」の3つの大まかに分けた後、それぞれの部分に何を書けばよいか、また、中の部分はいくつのまとまりに分けてそれぞれにどんなことを書けばよいかを、簡単にメモさせるようにする。代表の児童に考えを紹介させ、次時から組み立てに従って作文することを伝える。

授業の展開

	活動内容	指導上の留意点
1	本時のめあてを持つ。	・学習の流れを示し、本時の見通しを持つことができるようにする。
2	撮影してきたクラブの写真を検討する。❶ ・個人作業 ・グループ検討 ・全体交流	・アップとルーズの視点になっているか、クラブの特徴を伝えらえる写真かどうかの視点で検討させるようにする。 ・選んだ写真を紹介し合い、クラブごとの共通点や差異点を検討する。
3	リーフレットの組み立てを考える。❷ はじめ・中・おわり 中の構成（アップ／ルーズ）	・まず個人で組み立てを考えた後、発表させ、大まかな組み立てと記述する内容をノートやワークシートにメモさせる。
4	本時のまとめをする。	・考えた組み立てに従ってリーフレットを作っていくことを知らせる。

実践のポイント

▶ ❶前の小単元と本単元の関連

本単元の目標は、「書くこと」であるが、前単元の目標は「読むこと」であり、第4学年の国語科の学習指導要領では「ア　段落相互の関係に着目しながら、考えとそれを支える理由や事例との関係などについて、叙述を基に捉えること」となっている。本実践で育てたいメディア創造力である「図表や写真などの表現手段を意図的に選択する」ためには、伝えたい相手である「3年生」に「自分の所属するクラブの様子がよくわかるように伝えよう」という目的に応じて、「何をどのように伝えるか」という内容と伝え方を土台とする必要がある。

▲ グループ検討

▶ ❷視点に基づいた写真と文章構成

前単元で、筆者は相手や目的に対してどのような内容を書いており、そのためにどのような写真を選んでいるかを丁寧に読み取らせるようにする。本実践では、写真を選んだ後に作文の構成を考えて、リーフレットを作成する流れをとっているが、写真を撮る際にも、何も考えずに色々な写真を撮るのではなく、前単元で読み取った視点を土台として写真を撮らせることで、内容と写真が対応したリーフレットを作成できるようにする。

▲ クラブの写真

応用アイデア こんなことにも使える！

取材、撮影、選択、検討、作文、推敲、提出、相互評価まで1人1台端末で完結させることができるのが、本実践の特徴である。国語科では、1人1台端末は各学年の作文単元での学習と相性がよい。たとえば、光村図書の教科書であれば、「じどう車ずかんをつくろう（1年：じどう車くらべ）」「おもちゃの作り方（2年：馬のおもちゃの作り方）」「食べ物のひみつ教えます（3年：すがたをかえる大豆）」「伝統工芸のよさを伝えよう（4年：世界にほこる和紙）」などの単元で、カメラ機能で撮影した写真を「紹介」のために活用することができる。下の学年のうちから年1回は作文単元で1人1台端末を活用することで、教科のねらいを達成させつつ系統的にメディア創造力を育てていくことができる。

♣ 紹介 10 スライド作成と録音でスラスラ英語が言えるようになる外国語活動

栄利 滋人（さかり しげと） 仙台市立国見小学校

| 学年・教科 | 小学4年｜外国語活動 | 単元・題材 | 「Let's Try! 2」Unit 4「What time is it?」 |

学年・教科 小学4年｜外国語活動 **単元・題材** 「Let's Try! 2」Unit 4「What time is it?」
準 備 物 タブレット端末｜Google Jamboard｜ロイロノート

本時で達成したい目標（教科のねらい）

自分の好きな時間について、たずねたり答えたりして伝え合う。

本時で大事にしたいメディア創造力

C2　Lv1 相手に応じて、絵や写真などの言語以外の情報を加えながら伝えることができる。

カメラ機能をどう使ったか

自分の好きな時間を準備したイラストから選ばせることをベースにする。しかし、自分が思うイラストがないときは、画像を検索したり、写真を撮ったりして、自分の好きな時間ベスト3のスライドを作成する。自分が大好きな時間だということが伝わるような画像や写真になっているかを考えながらスライドを作成する。

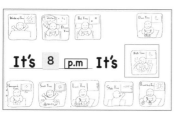  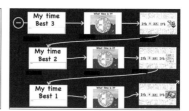

▲ 自分の好きな時間のスライド

授業の概要

「What time is it?」「It's 7 am. It's breakfast time.」といった、時間を尋ねて答える表現を使いながら、自分の好きな時間を英語で紹介する活動。まずは、時間の尋ね方や「am.」「pm.」の意味、1日の流れの中でそれぞれ何の時間かの英語表現を覚える。次に、自分の好きな時間ベスト3をGoogle Jamboard（以下、Jamboard）を使ってイラストや画像を動かして作成する。そして、作成したフレームを切り替えながら英語で紹介する練習をする。そして、JamboardをPDFで書き出し、ロイロノートに取り込む。最後に、ロイロノートに書き出して、スライド1枚ずつに英語で音声を録音し、好きな時間ベスト3を聞き合う。

授業の展開

活動内容	指導上の留意点
1　本時の課題をつかむ。 　　自分の好きな時間ベスト3を作ろう。	• 1日の流れと「○○time」の英語表現をチャンツで確認する。
2　自分の好きな時間のスライドを作る。❷	• 配布したJamboardをベースにしてイラストを選んだり、画像を検索したり、写真を撮影したりして作成する。
3　フレームを切り替えながら英語で紹介する	• 「What time is it?」と尋ねながら、ベスト3を順に英語で紹介する練習をする。

活動内容	指導上の留意点
4　スライドに英語で声を録音する。	• ロイロノートに書き出して、スライドに1枚ずつ録音する。
5　本時の振り返りをする	• スライドを見合い、みんなの好きな時間を比較し、相違点を考えて感想を伝える。

実践のポイント

▶ ❶イラストを選ぶからオリジナルの画像に

　何もないところからスライド作りをすると、どう作ったらよいのかわからない児童や凝りすぎる児童などが出てきて時間だけが過ぎていき、肝心の英語表現を聞いたり言ったりする活動が少なくなってしまうことがある。最初は、選ぶイラストを準備し、時間をかけずにスライドを作成させる。作成方法がわかってくると、自分で画像を探したり、写真を撮ったりとオリジナルで作成するようになる。

▶ ❷画像や写真を入れたくなるフレームの準備をする

　枠を作り、画像や写真を移動して入れる場所をはっきりさせ、枠に入れると英語表現になるように、視覚的に見やすく画像を操作しやすいフレームをJamboardで作る。

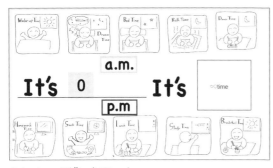

▲ Jamboardで作ったフレーム

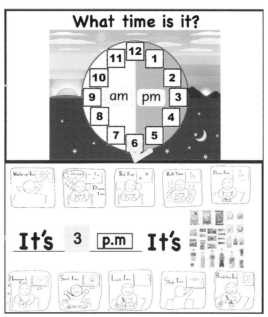

応用アイデア　こんなことにも使える！

　教員側がイラストを準備するのは大変なので、児童が撮った写真を入れる枠自体をイラスト化しておくことで、英語の文につながるイメージを持たせることができる。

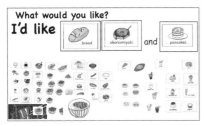

▲ 児童が撮った写真を入れる枠をイラスト化しておく

紹介 11 朝のスピーチをわかりやすく!

仲田 祐也　那珂市立芳野小学校

| **学年・教科** 小学4・5年｜特別活動　**単元・題材** 朝の会でのスピーチ |
| **準 備 物** タブレット端末（iPad）｜電子黒板（ミラーリング用） |

本時で達成したい目標（教科のねらい）

　自分の考えが相手によく伝わるように、声の大きさや話す速さ、間の取り方などに気をつけて、聞き取りやすい話し方をすることができる。

本時で大事にしたいメディア創造力

　[C3　Lv2] 自分が撮影した映像をもとに、取材した内容を言葉にして表現できる。

カメラ機能をどう使ったか

　朝の会等の時間を活用してスピーチを行っている学級は多いが、写真がない状態でスピーチをしても、伝わりにくいことがあった。そこで、カメラ機能を活用して、テーマに沿った写真や動画を撮影し、提示しながらスピーチを行った。写真や動画が提示されることによって、聞いている児童は、何について話しているか理解しやすく、スピーチに対する興味関心を持ちやすくなった。

▲ 写真・動画を活用したスピーチ

授業の概要

　本学級では、朝の会に「1分（3分）間スピーチタイム」を実施している。決められたテーマ（「好きな○○」、「夏休みの出来事」等）について、日直が発表している。発表児童はテーマに沿って撮影してきた写真や動画を提示しながら、自分の考えや思いを話していく。限られた時間で話をまとめることは、相手に自分の考えをわかりやすく伝えるために必要なことである。そのため、事前に端的に自分の考えをまとめたり、提示資料が膨大にならないようにしたりすることを指導しておく。写真や動画については、iPadを電子黒板に投影し、全体で共有できるようにしている。スピーチ後には、質疑応答や担任からの一言を入れ、フィードバックをする。

授業の展開

活動内容	指導上の留意点
1　テーマに沿って撮影してくる（家庭学習）。❶	• 写真でも動画でも可能と伝える。
2　「スピーチタイム」で発表する（朝の会）。	• スピーチの視点を提示し、それをもとに話を組み立てるよう指導する。❷
3　質疑応答をする（朝の会）。	

実践のポイント

▶ ❶テーマに沿って撮影してくる

　スピーチタイムで発表する児童は、事前に決められたテーマに沿って、iPadで写真や動画を撮影してくる。児童によっては、動画を撮影してきたり、複数枚の写真を用意したりしていた。このとき、写真や動画を撮影してくる基準として、相手意識を持ち、見た人がどんな気持ちになるかを考えることを指導した。児童は、学校に持って来ることができない大切なものや旅先での風景など、言葉でなく写真に撮ってスピーチにするよさを感じていた。

```
スピーチテーマ

・〇年生になってがんばりたいこと
・好きな〇〇
・春，夏，冬休みの出来事
・将来の夢，がんばりたいこと
・もしも，〇〇だったら・・・
・フリーテーマ　　　　など
```

▲ テーマに沿って撮影してスピーチに活かす

▶ ❷スピーチの視点をもとに発表する

　毎日行うスピーチを、「話すこと・聞くこと」の資質・能力の育成につなげるために、話し手、聞き手双方に視点を与えた。話し手には、相手意識を持たせ、わかりやすい内容、表現かを考えさせた。また、聞き手には、目的意識を持たせ、話し手のスピーチに反応したり、自分と比較しながら聞いたりすることを指導した。休校中のオンライン学習期間には、ブレイクアウトルームを活用して、グループで最近の出来事や好きなものの紹介をした。

```
【スピーチのときのポイント】

・聞き手が聞きやすい声の大きさや速さ。
・聞き手の方に体を向けて話す。
・構成を工夫して話す。
・絵や図を指し示しながら話す。

【聞く人が意識すること】

・話し手の方に体を向けて聞く。
・話の中心を考えながら聞く。
・自分の考えと比べながら聞き、反応する。
```

▲ スピーチの視点をもとに発表

応用アイデア　こんなことにも使える！

　6学年社会科では歴史上の人物や出来事、時代を学習する。単元末に学習してきたことをまとめ、紹介ムービーを作る活動が考えられる。「1分人物紹介ムービー」や「5分で江戸時代紹介」などと時間とテーマを設定し、教科書や資料集の写真を撮影したり、自分で収集した資料を活用したりしながら、どのようにまとめるとわかりやすいのかを考えながら作成していく。社会科のまとめとしての活動のため、アニメーションや編成にこだわりすぎずに、内容を中心に作成することを伝える。作成段階では、同じ題材のペアやグループで進捗状況を確認し、自分の作品を加除・修正して、ブラッシュアップしていく。最後には、グループや全体で発表会を行い、内容や作りについて相互評価をしていく。

紹介 12 米の消費量アップ大作戦！ CMをつくろう

山口 眞希 （やまぐち まき）　放送大学大学院（実践当時：金沢市立小坂小学校）（こさか）

学年・教科	小学5年｜社会	単元・題材	米づくりのさかんな庄内平野
準備物	タブレット端末（iPad：グループに1台）｜スライドショー作成アプリ（ロイロノート）		

本時で達成したい目標（教科のねらい）

　「消費量が減っている原因」や「農業従事者の努力や取り組み」といった米づくりに関する既習や調べた情報を関連付けて、農業を元気にする提案を考え、CMとして表現することができる。

　グループで1つのCMを完成させるには、ナレーション決めや、素材選択など、あらゆる場面において仲間と議論をしながら決定しなければならない。その議論を繰り返すことで、自他の考えを組み合わせながら建設的な妥協点を見出し、集団として納得解を生み出す力を育成する。

本時で大事にしたいメディア創造力

　D1　Lv3　自他の考えを組み合わせながら、集団としての1つの考えにまとめることができる。

カメラ機能をどう使ったか

　この実践で制作するCMは、動画ではなく写真を撮影してスライドショーとしてつなぎ、そこにアフレコやテロップ、BGMを入れて1つの動画として完成させたものである。「CMに必要な素材を撮影する」「撮影した画像を切り取ったりテロップ等を入れたりして加工する」「フリー素材のBGMを挿入する」「録音機能を使ってアフレコを挿入する」といった場面でカメラ機能を活用した。

▲ CM制作の様子

授業の概要

　「米づくり」の単元において、米づくりに関わる人々の努力や工夫について学んできたが、その努力や工夫とは裏腹に、米の生産量・消費量は年々減少している。この事実に危機感を持った子どもたちが、米づくりを元気にするための取り組みはないのか調べると、国・農家・販売者・JAなどがそれぞれの立場で様々な努力をして、米の消費拡大のために取り組んでいることを知る。自分たちにもできることはないか考えた結果、「米の消費量アップ大作戦！」と題し、米の消費を促すCMを制作して全校に呼びかけることにした。既習や新たに調べた情報をもとに、タブレット端末のカメラ機能を使って写真を撮影し、それらをつなげてCMを制作、校内放送で放映し全校に広めた。

授業の展開（5時間扱い）

	活動内容	指導上の留意点
1	グループで伝えたいテーマを出し合いCMのコンセプトを決定する。❶	• 制作過程において「コンセプトに合うか」を判断基準にできるよう、各班のコンセプトは掲示しておき、常に意識させる。
2	コンセプトをもとにストーリーと画面のイメージを考え、絵コンテを作成する。	• 30秒のCMなので画面は6枚程度に限定する。
3	個人で書いた原稿を持ち寄り、グループで1つのナレーション原稿を作成する。❷	• 1つの画面に対し、5秒程度に収まるように言葉を吟味させる。
4	必要な素材を撮影し、アプリを使ってスライドショーにする。文字入れ、アフレコやBGMの挿入をして編集する。❸	• 視聴する人に印象を残し、短時間で伝えたい内容が伝わるよう表現方法を工夫させる。
5	CMお披露目会をし、相互評価する。	• コンセプトと表現方法が合っているかという視点で鑑賞する。

実践のポイント

▶ ❶CMコンセプトの決定

学習の最初に、各グループにCMコンセプト（伝えたいテーマ）を設定させた。何かの決定に迷ったとき、「コンセプトに合うかどうか」を判断基準にするためである。米の消費減少は、食の洋風化や手間がかかるなどの原因があることをNHK for Schoolの動画資料を活用した調べ学習で見つけている。既習を活かし「それらの問題が解消できれば、お米を食べてもらえる」という仮説をもとにコンセプトを考えた。「感謝を込めていただきます」「手間なしごはん」「お米は体と頭によい！」など、各班から出たコンセプトは紙に書いて掲示し、常に意識できるようにした。

▶ ❷協働学習を取り入れた授業デザイン

1人1台端末で個別にCMを制作することもできたが、あえて4人グループでの協働学習の形をとった。協働の過程において「考えの根拠を明確に伝える」「互いの考えの共通点や相違点を吟味する」「互いのよさを受け入れて新しい価値を創造する」「合意形成をはかる」という思考活動が繰り返されることで、関わり合って学ぶ力が身につくことを期待した。原稿を考えるときも、まず個で考え、それを持ち寄りグループで1つにまとめたが、これは個の思考力の向上と、自分の原稿にこだわりを持つことをねらいとしたからである。思い入れがあるからこそ、真剣な議論が生まれると考えた。

▶ ❸編集作業が容易なアプリの活用

動画の制作には、ロイロノートとタブレット端末（iPad）を使用した。直感的に操作ができ、撮影から編集まで端末1つで完結できるうえ、やり直しも容易である。そのため、操作に関する発話はほとんどなく、映像とコンセプトの整合性や内容を吟味するための話合いが活性化し、試行錯誤する姿が見られた。扱いやすいインターフェースとアプリの容易性によって、学び合いが促進されたと言える。

応用アイデア こんなことにも使える！

カメラ機能とアプリを組み合わせることで、CMのような短い動画を容易に制作できる。学習のまとめとしてかべ新聞やプレゼンテーションを制作する活動と同じように、既習を整理するためにCMを制作することはおすすめである。たとえば、「4年社会科で暮らしを守る人々について学習した後、地域の安全を守るための交通安全CMを制作する」「6年社会科の歴史学習のまとめとして、その時代や人物を紹介するCMを制作する」「英語科で他国の人に日本文化を英語で紹介するCMを制作する」といった活動が考えられる。知識の定着だけでなく、どの写真にするか、どんなキャッチコピーにするか考える過程でメディア想像力の育成にもつながる。

♣ 紹介 13　私も名画のアートレポーター

西尾 環（にしお たまき）　熊本市立本荘小学校（実践当時：熊本市立五福小学校）

学年・教科 小学5年｜図画工作・総合的な学習の時間　**単元・題材** アートレポーターになって（図画工作）
準 備 物 タブレット端末｜タッチペン｜アートカード（教科書指導書の補助教材）

本時で達成したい目標（教科のねらい）

　名画と呼ばれる美術作品の造形的なよさや美しさ、表現の意図や特徴、表し方の変化などについて、感じ取ったり考えたりし、自分の見方や感じ方を深める。

本時で大事にしたいメディア創造力

　B2　Lv4　映像の目的や意図を客観的に読み取り、言葉や文章で表すことができる（製作物の内容と形式を読み解く力 —— 映像を解釈して言葉や文章にできる）。

カメラ機能をどう使ったか

　自分たちが選んだ名画をカメラで写して写真として取り込み、以下の場面で活用する。

- 絵を鑑賞するとき、写真を拡大して詳しく見る。
- 自分が読み取ったことを説明、紹介するとき、絵を拡大したり、ペンで写真に書き込んだりしながら伝える。

授業の概要

　1人ひとりが自分で選んだ名画について、鑑賞してレポートするというゴールを目標に据えた題材である。1時間目は一斉授業の形式で「風神雷神図屏風」を使った鑑賞活動を行う。その際、「形」「色」や「動き、奥行き、背景など」の視点に着目する方法を学ぶ。2時間目はアートカードの中から、自分が選んだ絵について個人で鑑賞し、ワークシート型のレポートにまとめる。そして3時間目である本時では、1人ひとりがタブレットを使って絵を見せながら、話し言葉でレポートをするという学習である。このときは、少人数グループを作って互いに発表し合い、メンバーを組み替えて2回行った。

授業の展開

活動内容	指導上の留意点
1　本時の課題をつかむ。❶ 　自分が選んだ名画のレポートをしよう。	・前の時間に書いたレポートを読むだけでなく、タブレットの画面上で自分がよさや美しさを発見した部分を示しながら話すようにする。
2　グループを作って、1人ずつアートレポートをする。❷	・レポート後に、聞き手から質問や感想を伝えるようにする。
3　メンバーを交代してアートレポートをする。❸	・1回目が終わった後、さらによりよいレポートになるよう、ブラッシュアップの時間を少しとって、次回に進むようにする。
4　本時の学習を振り返る。	・絵のよさや美しさに気づくことができたか、自分なりの感じ方ができたか自己評価を行う。

実践のポイント

▶❶視点を持って名画を解釈する鑑賞活動

　一時では、視点を持った鑑賞活動を全員が体験できた。この際は、タブレットを使って個人で絵を見るだけでなく、クラス全体で大型モニターあるいは電子黒板で気づきなどを伝え合う全体での学習も効果的だっ

た。「どのように絵を見て何を伝えるか」という意識が本時のアートレポーターの役割を果たすことに役立った。また、聞き手も同じように視点を持ってレポーターが提示した絵を見ることができ、質問や意見、感想も大きくぶれることが少なかった。

▲ 視点を持った鑑賞活動

▶ ❷アプリ活用が表現の手助けに

絵を見るだけでなくレポートするという活動が入ったことで、児童は感じたことや思ったことを言葉にする必要に迫られた。そのことによって表現力も高まった。もちろん児童の中には文章、あるいは話すことが苦手な者もいる。そんな児童にとって、タブレット上で絵の部分を拡大したり、アプリを使ってマークをつけたりすることができたことは、表現上の大きな手助けであった。また、タブレットはインターネットにもつながっているので、必要な客観的な情報も得ることができた。

▲ 表現の手助けにアプリを活用

▶ ❸主体的で交流しやすいタブレット活用

活用するアナログのアートカードで事前に何度かアートゲームをしておくとよい。自分なりに心に残る絵画がイメージとして心に残る。そのアートカード集を撮影して、児童にタブレット上で配布をした。カードゲームで直接触れた多くの絵を、今度は、デジタルとして見ることになった。鑑賞すべき絵がタブレット内にあることで、いつでもどこでも比較しながら鑑賞することができた。タブレットを操作しながら発表できることはレポーターの利点であるが、聞き手が質問や意見をするときも容易に絵に触れながら行い、交流が活発化した。

▼ アートゲーム

▲ タブレットの活用

応用アイデア こんなことにも使える！

タブレットやオンラインなどをさらに活用することにより、名画のレポートを音声や映像に残してそれをクラス以外の人たちに伝えるという学習も可能となる。たとえば、グループで葛飾北斎の作品に絞って鑑賞活動をしたとしよう。北斎の作品から関心のある絵を選び、録音した声を絵にかぶせて音声ガイド的にしたり、絵を映し出したモニターの前でレポーターとして映像ガイドのように話したりすることで、メディア創造力は、より高まるだろう。さらに、視点を明確にした思考ツールを活用した鑑賞で、思考力・判断力・表現力は深まるだろうし、美術館の学芸員と連携して地域の展覧会のアートの紹介などにすると、社会ともつながり学びに向かう力や人間性も培われるに違いない。

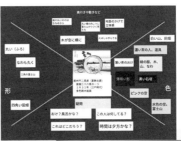

▲ 北斎展映像ガイドを作る（総合的な学習と関連して）

♣ 紹介 14 ○○時代を紹介する ショートムービーをつくろう

みやつ こうたろう
宮津 光太郎 熊本市教育委員会（実践当時：熊本市立城南小学校）

学年・教科 小学6年｜社会 **単元・題材** 日本の歴史
準 備 物 タブレット端末（iPad）｜ Clips ｜ Google フォーム

本時で達成したい目標（教科のねらい）

先人の業績や優れた文化遺産について興味・関心を持ち、主な歴史的事象について理解を深める。

本時で大事にしたいメディア創造力

C1 Lv4 様々な情報源から収集した情報を整理・比較して、効果的な情報発信の内容を企画・発想できる。

D1 Lv4 目的を達成するために自他の考えを生かし、集団として合意を形成できる。

カメラ機能をどう使ったか

iPadの標準アプリであるClipsを活用して動画撮影を行った。場面ごとに短時間で動画を撮影し、複数の動画などの素材（クリップ）を並び替えて最終的な動画を作成していった。撮影後、動画をすぐに確認し、その都度修正しながら撮影していった。

▲ ショートムービーの撮影

授業の概要

社会科歴史分野のまとめに行った実践である。縄文時代から江戸時代まで学習してきた児童たちに、これまで学習してきた時代の中から1つ選んで、その時代を紹介するショートムービーをつくろうという課題を設定した。歴史上の人物にインタビューするという形で、ショートムービーをつくることを確認し、4人グループで紹介する時代を決めて、どの人物を取り上げるか、どのようなシナリオにするかを考え、役割分担して撮影・編集を行った。

▲ グループで話合い

授業の展開（4時間扱い）

活動内容	指導上の留意点
1 課題を設定する。	• 取り上げる時代と人物を班で話し合い、主体的に学習に取り組むことができるようにする。
2 あらすじを考え、役割分担をする。	• あらすじをもとに登場人物、場面設定、役割分担を行い、グループ全員が課題解決に向け学習に取り組むことができるようにする。
3 動画を撮影・編集する。❶	• 撮影した動画を編集する際に、画像や文字、BGMを挿入できるようにして、動画づくりへの意欲を高める。
4 できた動画を鑑賞して、相互評価を行う。	• ルーブリックをもとに相互評価・自己評価を行い、学びを振り返ることができるようにする。❷

実践のポイント

▶ ❶短いクリップを組み合わせたショートムービー

数秒から10秒程度の短い動画を組み合わせてショートムービーをつくることで、撮影→確認→修正のサイクルを何回も行うことができる。確認の際の対話には必然性が生まれ、自然と協働的な学びが展開される。小道具や撮影場所の工夫等、グループの対話を通して様々な工夫が生まれていった。

完成した動画はクラウド上に保存し、その動画リンクをQR画像で出力し、学級通信に載せることで保護者にも見てもらった。さらにGoogleフォームを活用して保護者からもフィードバックをもらい、それを児童に伝えることで次の学習活動への意欲を高めることにつながった。

▲ ショートムービー作品

▶ ❷ルーブリックの活用

本実践では課題提示と同時にルーブリック（評価基準表）を提示した。そうすることで、見通しを持って学習に取り組むことができるようにするとともに、完成後の相互評価および自己評価でもルーブリックを活用することができるようにした。

授業で提示したルーブリック（一部抜粋）

	S	A	B	C
表現	どのような時代だったのかわかるようにセリフを考え、資料を効果的に活用してわかりやすく動画をつくることができた。	どのような時代だったかわかるようにセリフを考え、ストーリーをつくることができた。	どのような時代だったのかわかるようにセリフを考えることができた。	どのような時代だったのか伝えることができなかった。

応用アイデア こんなことにも使える！

本実践のようにショートムービーで学んだ内容をアウトプットするという学習は、様々な教科で実施することができる。

5年 理科「あさがおの成長の秘密を1年生に紹介するショートムービーをつくろう」

植物の成長について学んだことをもとに、あさがおを育てている小学1年生に向けてあさがおの成長の秘密を紹介するショートムービーをつくって見てもらう。実際に、あさがおを育てている1年生を対象にしたことで、相手意識も明確になり、学習意欲の向上にもつながった。

5年 算数「図形の面積の求め方を説明するショートムービーをつくろう」

三角形や平行四辺形の面積の求め方を学んだ後に、複雑な図形の面積の求め方を解説するショートムービーをつくり、互いに見合って相互評価を行う。説明の仕方、求積方法のわかりやすさに目がいくよう事前に評価基準を設定しておくことがポイントである。

▲ 5年理科のショートムービー

♣ 紹介 15 ツアーガイドになった気分で、Let's go to Italy.

増井 泰弘 <small>ますい やすひろ</small>　丸亀市立飯山北小学校 <small>はんざんきた</small>

> **学年・教科** 小学6年｜外国語　**単元・題材** Unit 3「Let's go to Italy.」
> **準 備 物** タブレット端末｜Canva｜資料集等

本時で達成したい目標（教科のねらい）

　世界の国々を知り、世界と日本のつながりを考え、紹介し合う。自分のことを伝え、相手のことをよく知るために、行ってみたいおすすめの国や地域と、その理由について、簡単な語句や基本的な表現を用いて、自分の考えや気持ちなどを話そうとする。あわせて、外国語の背景にある文化に対する理解を深める。

本時で大事にしたいメディア創造力

　C1　Lv2 身近な人や図書資料から得た情報を整理し、伝えるべき内容を考えることができる（一番伝えたいことは何なのかを明確にし、映像資料を選び、キャプションや解説文を吟味し、自分の言葉で簡潔に、わかりやすく表現する）。

カメラ機能をどう使ったか

　作成する動画に、自分が紹介している様子をワイプ[※1]で表示させる。カメラ機能と動画編集アプリCanvaの「自分を録画する」の機能を活用して、自身が紹介している様子をタブレット端末のインカメラを使って撮影する。

▲ カメラ機能を使った動画撮影

授業の概要

　世界で活躍する旅行代理店のツアーガイドになった気分で、プチ旅行案内動画（CM）をつくる。教科書の国や地域への旅行をすすめる表現や旅行代理店のCMなどを参考に、自分だったらどう表現するかを考え、学習のまとめとして、映像と言葉を関連づけた表現物を動画として作成する。おすすめの国や地域が決まったら、その理由やその国がどこにあるのか、国旗や首都、有名な建物や食べ物、世界自然遺産等を考え、一番伝えたいこと何かを明確にし、絵コンテシートにまとめる。Canvaを活用してスライド（タイトルやキャプションを含む）を作成し、自分が説明している様子を動画撮影する。その後、簡単なエフェクトを加え動画を完成させる。

※1　メイン画面の一部分に小窓のような別画面を設けて映像を表示。

授業の展開

活動内容	指導上の留意点
1　本時のめあてをつかむ。❶	• 行ってみたいおすすめの国や地域と、その理由について考え、プチ旅行案内動画（CM）にまとめることを確認する。
2　テーマ（行ってみたいおすすめの国や地域）を決め、紹介文を考える。	• 一番伝えたいことは何かを意識し、スライドの画像をイメージしながら、紹介文を考え、絵コンテシートに記入することを伝える。
3　映像資料を選び、動画を作成する。❷	• ここでは、絵コンテシートをもとに、Canvaで大まかなスライドを作成するよう促す。
4　自分が紹介している様子を撮影し、動画を完成させる。	• 動画撮影時には、自分が納得のいくまで、何度も繰り返し動画を撮影してもかまわないことを伝えておく。
5　学習を振り返る。❸	• 完成した動画は共有し、児童がいつでも見ることができるようにする。

実践のポイント

▶ ❶ゴールをイメージさせる

ここでは、教師が事前に作成しておいたデモ動画を再生し、活動のゴールをイメージさせる。あわせて、教員が実際に動画を制作する様子を見せることで、児童に活動の見通しを持たせる。作成する動画で一番伝えたいことは何なのかを明確にして、動画の画像と関連した紹介文は、自分の言葉でわかりやすく表現することが大切であることを伝える。絵コンテシートを活用し、画像と言葉（紹介文）を行き来する（吟味）ことで、改めて一番伝えたいことは何なのかを確認させる。

▶ ❷キーシーンとキーワードで

スライドに使用するキーシーンの写真は、教科書資料やインターネット検索で探すことになる。Canvaには、無料で使うことができるテンプレートや素材が数多く用意されているので、そこから気に入った画像を選ぶこともできる。Googleの画像検索などで素材を探して使う場合は、使う画像が著作権で保護されている場合があることなどを事前に指導しておきたい。キーワードに関しては、ALT（外国語指導助手）の教員と相談し、自身が話せる程度の短い英語表現を考えさせる。

▶ ❸今度はもっと上手につくりたい

完成した動画は、全員で視聴し、本人の感想とともに、周りの児童とよかったところなどを伝え合った。また、動画はアーカイブ化し、共有することで児童がいつでも見ることができるようにした。振り返りでは、「また動画をつくってみたい」「今度はもっと上手につくりたい」「英語のスピーチがもっと上手になれたら」など、前向きな感想が多くあった。何人かが、動画にBGMを入れていた。特に教員が指示したわけではないが、たくさんの機能の中からBGMを設定する方法を自分で見つけ出して取り入れる姿に驚かされた。そして、「どうやったの？」と児童同士での学び合いが始まった。

応用アイデア　こんなことにも使える！

外国語活動において、友達や教員、クラスのみんなと話（やりとり・発表等）をする活動は、とても大切である。もちろん、コミュニケーションを楽しむことを求めているわけだが、まずは会話に慣れること。教科書の対話の音声をモデルに、教員や友達と英語でやりとりをする。その中で、タブレットのカメラ機能を使って自身の動画を撮る活動は、様々な応用が可能である。「〇〇のスピーチをしよう」「〇〇を伝えよう」「〇〇を紹介しよう」「〇〇を発表しよう」の他にも、ちょっとしたスキマ時間に、自分自身のスピーチを録画してみるなど。「失敗した」と言って何度も何度も取り直したり、きちんと撮れているか再生して確認したり、お互いに動画を見合ったり、動画の撮影が日常的になればなるほど、スピーチにも慣れてくること間違いなしである。

紹介 16 学校ピカピカ！クリーン大作戦！！

金子 直也（かねこ なおや） 船橋市総合教育センター（実践当時：船橋市立市場小学校）

学年・教科 小学6年｜家庭科 単元・題材 くふうして、生活に活かそう クリーン大作戦
準 備 物 タブレット端末｜クラウド（写真共有）

本時で達成したい目標（教科のねらい）
- 掃除に関心を持ち、身の回りを快適に整えようとしている。
- 汚れの種類や汚れ方にあった掃除の計画を立て実行する。

本時で大事にしたいメディア創造力
A3 Lv2 自分が見つけた疑問を、すすんで探究することができる。
C3 Lv2 自分が撮影した映像をもとに、取材した内容を言葉にして表現できる。

カメラ機能をどう使ったか
　校内のどのような場所がどのように汚れているのか実際に校舎内を見て回り、汚れている箇所を撮影した。撮影した写真をもとに場所ごとの汚れの種類や特徴を考え、その場所にあった掃除の仕方を計画した。また、汚れがあった箇所を掃除する前と後を撮影することで、それぞれ的確に掃除ができたのか記録を残し、振り返りを行いやすくした。

▲ 写真撮影の様子

授業の概要
　本単元は、児童がふだんから行っている清掃について見直し、掃除の必要性を考えたり、工夫して実践したりすることをねらいとしている。健康で快適に過ごすためには、掃除が必要であることを単元の初めに考えさせる。その後、クリーン大作戦として、校内の汚れ調べを行う。毎日清掃を行っているため十分きれいだと思っていても、掃除が行き届いていない場所があることに気づかせ、学校を今よりきれいにするためにはどのような計画を立てればよいか考えさせる。また、汚れの種類や、汚れの場所は様々であると知ることで、汚れ方や場所に適した清掃の仕方を考える。この単元を通して、状況に応じた清掃の仕方を理解し、実生活で適切に活かせるようにする。

授業の展開（5時間扱い）

活動内容	指導上の留意点
1　課題をつかむ。 学校をよりきれいにするためには、どこをどのように掃除すればよいか計画を立てて実行しよう。	• 清掃の時間を想起させ、今の状況で清掃が行き届いていないところがないか考えさせる。

活動内容	指導上の留意点
2　校内の汚れている箇所を探る。❶❷	• 個々で校内の汚れている箇所の撮影を行う。 • 撮影したものを共有して汚れている箇所や汚れの特徴について考えさせる。
3　クリーン計画を立てる。	• 汚れにあった掃除の仕方について情報を収集させる。
4　クリーン大作戦を行う。	• 計画をもとに清掃を行わせる。 • 清掃後の様子がよくわかるよう写真を撮影させる。
5　振り返りを行う。❸	• 清掃前と後の写真を比較し、振り返りを行わせる。 • 学校だけでなく自宅等でもどう活かせるのかも考えさせる。

実践のポイント

▶ ❶校内汚れ調べで課題を見つける

　校内の汚れ探しを個々で行わせた。写真をただ撮るのではなく、汚れの種類や場所がよくわかるように撮影することを意識させた。クリーン大作戦前後の写真を比較することで、自分の計画が適切であったのか振り返ることができた。

▲ 校内の汚れ探し

▶ ❷写真の共有から汚れの特徴を考える

　校内汚れ調べを終えて、お互い撮影してきた写真を共有する。共有された写真から、校舎内の清掃が行き届いていない場所や汚れの種類等を考える材料とした。今回はクラウド型授業支援アプリを使用してお互いの写真を共有した。

▲ 撮影した写真の共有

▶ ❸オンライン学習で家庭クリーン大作戦

　休校等でオンライン学習を行う際には、家庭クリーン大作戦として、家の中で汚れているところを撮影し、それに適した掃除を行い、結果を共有してもらうことで、同様な学習を進めることができる。家庭内の撮影をしては困るものが写らないように事前に指導するとスムーズに学習を進めることができる。

応用アイデア　こんなことにも使える！

　体育の器械運動の学習では、自分の技の出来栄えを確認するためにお互いに撮影を行った。動画を見ながら友達にアドバイスをもらうことで、できるようになったことや次回の課題などを明確にすることができる。また、授業の最後に、今までの自分と今日の自分を比較して振り返りを行うことで、自分の成長を改めて感じることができ、運動への意欲を高めた。

▲ 体育での写真撮影

紹介 17 夏休みの思い出を紹介しよう

栄利 滋人　仙台市立国見小学校

学年・教科	小学6年｜外国語
単元・題材	「NEW HORIZON Elementary 6」Unit 4「My Summer Vacation 夏休みの思い出」
準 備 物	タブレット端末｜Google Jamboard｜ロイロノート

本時で達成したい目標（教科のねらい）

夏休みに行った場所や食べた物、楽しんだこと、感想などを聞いたり言ったりすることができる。

本時で大事にしたいメディア創造力

C2　Lv3 相手や目的に応じて、図表や写真などの表現手段を意図的に選択することができる。

カメラ機能をどう使ったか

夏休みや修学旅行の思い出を、イラストから選ばせることをベースにする。行った場所、楽しんだこと、食べたもの、見たものを提示したイラストから選ばせるが、自分が思うイラストがないときは、自分で撮った写真やネット上で検索した写真や画像をスクリーンショットで活用して、思い出紹介スライドを作る。スライドは声を吹き込んで動画として作成することもできる。

▲ 思い出紹介スライド

授業の概要

夏休みや修学旅行の思い出を英語で紹介する活動。まず、「I went to 〜.」「I enjoyed 〜ing 〜.」「I ate 〜.」「I saw 〜.」「It was delicious.」などの表現にチャンツを聞いて慣れ親しむ。次に、Google Jamboard を使って、行った場所や楽しんだこと、食べたものや見たものなどのイラストを動かして思い出スライドを作る。自分が紹介したいイラストがなかったり、もっと違うイラストで伝えたいときは、イラストを検索したり、写真を撮影したりして完成させる。完成したスライドを切り替えながら英語で紹介する練習をする。ロイロノートにPDFで書き出し、英語での思い出紹介を録音し、聞き合って感想を伝える。

授業の展開

活動内容	指導上の留意点
1　本時の課題をつかむ。 夏休みや修学旅行の思い出をALT（外国語指導助手）に伝わるように話そう。	• 行った場所、楽しんだこと、食べたもの、見たもの、感想の英語表現をチャンツで確認する。

活動内容	指導上の留意点
2 自分の思い出を選んで紹介することを考える。❶	• 配布したGoogle Jamboardでイラストを選んだり、画像を検索したり、写真を撮影したりして作成する。
3 フレームを切り替えながら英語で紹介する。	• 「I went to 〜.」「I enjoyed 〜ing.」「I ate 〜.」「I saw 〜.」「It was 〜.」の表現を使って英語で紹介する。
4 スライドに英語で声を録音する。❷	• ロイロノートに書き出して、スライドに1枚ずつ録音する。
5 本時の振り返りをする。 • 感想は最後ではなくても言ったほうがよい。	• ペアやグループでみんなの思い出を聞き合い、ALTに伝わりやすい工夫を伝え合う。

実践のポイント

▶ ❶イラストを選ぶことから始める

イラストを提示せずに最初から児童に探させる活動にしてしまうと、検索したり、撮影したりすることに時間が使われ、外国語を聞いたり話したりする活動の時間が少なくなることが多い。まずは準備したイラストを動かす活動を行い、さらにもっと工夫したいという気持ちが高まったら、イラストを検索したり写真撮影したりする活動を加えると、英語表現を覚えながらスライド作成に取り組むことができる。

▶ ❷最初はスライドを頼り、少しずつスライドから離れる

この単元は、「I went to 〜.」「I enjoyed 〜ing 〜.」「I ate 〜.」「I saw 〜.」「It was delicious.」などの表現があり、これらを覚えて話すのがやや難しく感じる児童も多いが、それをイラストのスライドが助けてくれる。次々とスライドを切り替えていくとイラストが出てくるので、英語で話しやすくなる。しかし、スライドに頼りすぎると、タブレット画面ばかりを見て話すようになってしまう。そのため、自分で探した画像や撮影した写真を追加して工夫させると、伝えたいことの意識が高まり、視線がタブレット画面から相手の顔を見て伝えるようになってくる。

▲ イラストを選ぶ

▲ 児童が作ったスライド

応用アイデア こんなことにも使える！

「行ってみたい国」の単元では、行ってみたい国、見たいもの、食べたいもの、やってみたいことでスライドを作成して話す活動ができる。「Who is your hero?」の単元では、私のヒーロー、何が得意か、何ができるか、優れているところ、性格などの英語表現をスライドで作成して紹介する活動ができる。「将来の夢」の単元では、自分の夢、好きなこと、できること、得意なことの英語表現でスライドを作成して紹介する活動ができる。「できること」の単元では、できること、できないことをスポーツ、楽器、料理などの英語表現でスライドを作成して紹介することができる。このように、紹介する表現に合わせてスライドを提示することで、そこに入れたい画像や写真を探したり自分で撮影したりしてスライドを作成しながら英語表現を覚える活動ができる。

♣ 紹介 18 スライド配布でオリジナルカレー紹介

栄利 滋人　仙台市立国見小学校

学年・教科	小学6年｜外国語
単元・題材	「NEW HORIZON Elementary 6」Unit 6「Let's think about our food. オリジナルカレーを発表しよう」
準 備 物	タブレット端末｜Google スライド｜Google Jamboard

本時で達成したい目標（教科のねらい）

食材を通じて世界のつながりを考え、メニューを発表することができる。

本時で大事にしたいメディア創造力

C2　Lv3 相手や目的に応じて、図表や写真などの表現手段を意図的に選択することができる。

カメラ機能をどう使ったか

カレーライスを紹介する活動で、カレーライスや食材、その食材の産地を写真やイラストを取り入れてスライドを作成する。カレーライスや使っている食材は、自分の家のカレーや食材を写真で撮影したり、インターネットで写真やイラストを検索してスクリーンショットで取り入れたりする。また、グループで考えたオリジナルカレーライスの活動では、自分たちの考えやイメージが伝わるような写真やイラストでスライドを作成する。

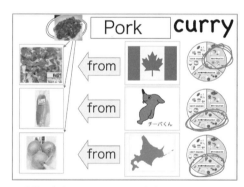

▲ 食材や産地をイラストとともに紹介

▲ イメージが伝わるようにスライドを作成

授業の概要

個人の活動では、自分の家でよく食べるカレーライスについて英語で紹介する。まず、何カレーなのか、名前を紹介。次に、使っている食材の紹介を3つ選び、食材の写真を取り入れる。そして、食材の産地の写真や地図、国旗などで見やすく、すぐにわかるものを選ぶ。さらに、家庭科で学ぶ栄養グループの色を丸で囲んでスライドを作る。「I usually eat ～ curry at home.」「The ～ is from～.」「～ is in the ～ group.」の英語表現を使って紹介する。グループの活動では、オリジナルカレーを考える。カレーの名前や食材、産地、栄養グループを紹介するスライドを作成する。グループで考えたカレーの名前のスライド、食材のスライド、産地のスライド、栄養グループのスライドを分担して作成し、覚えた英語表現を使ってオリジナルカレーを紹介する。

授業の展開

	活動内容	指導上の留意点
1	本時の課題をつかむ。 食材を通じて世界のつながりを考え、メニューを発表しよう。	• 料理の食材や，産地，栄養素グループの色などについて、チャンツや、やりとりの映像でおおよその内容を理解させる。
2	自分のカレーを紹介することを考える。❶	• ふだん家で食べているカレーを紹介するための、写真や画像を選んでスライドを作成させる。
3	グループ内で自分のカレーを英語で紹介する。	• 「I usually ~ beef curry at home.」「The ~ is from~.」「~ is in the ~ group.」の英語表現を使って紹介する。
4	グループでオリジナルカレーを考えて発表する。❷	• オリジナルカレーを相談して決め、写真や画像を選んでスライドを1枚ずつ分担して作成させ、覚えた英語表現で協力して発表する。
5	本時の振り返りをする。	• 各グループの発表を聞き合い、ALT（外国語指導助手）にも伝わりやすい工夫を考える。

実践のポイント

▶ ❶スライドの型を配布する

写真や画像を配置する場所が決まっているスライドの型を配布する。外国語の授業では、英語を聞いたり話したりする活動時間を確保することが大切。スライドの型があるとそこに写真やイラストを入れるだけなので、時間をあまりかけずに作成できる。そして、写真がよいのか、イラストがよいのか、視覚的に相手にどう伝わるかを考えて選ばせる。

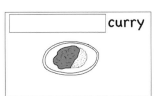

◀ スライドの型を用意

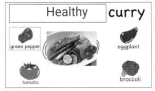

◀ 型にあてはめるだけなので時間がかからない

▶ ❷スライドを切り替えて練習

オリジナルカレーの紹介は、写真やイラストのスライドを切り替えながら、覚えた英語表現を言う練習をするとスラスラ言えるようになっていく。スライドに紹介する英語表現の文をいくつも入れると、写真やイラストも多くなり、わかりにくくなってしまう。1つのスライドに1つの英語表現でシンプルにスライドを作ることで、見やすくなる。次のスライドに切り替えながら英語表現を言うほうが言いやすく、よく覚えることにつながる。

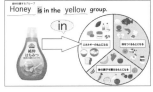

◀ 1つのスライドに1つの英語表現。シンプルにまとめる

応用アイデア こんなことにも使える！

グループで考えたオリジナルカレーの紹介は、練習をして英語の発音を少しでもよくして自信を持たせたい。また、自分たちで発表を聞き合っても発音が正しいのかどうかは互いにアドバイスがしにくい。そこで、Google スライドの「スピーカーノートを音声入力」の機能を使う。英語に切り替えてから音声入力ボタンをクリックする。英語で発表をする。下のスピーカーノートに英文が表示される。正しく表示されたら自信がつく。これをグループの発表練習で使うと、ゲーム感覚で発音の練習を繰り返すことができる。

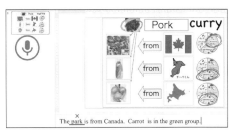

▲ 英語の発音をチェックする

紹介 19

思い出の記憶を記録に！
～お気に入りの場所を動画で残そう～

山中 昭岳（やまなか あきたか）　学校法人佐藤栄学園 さとえ学園小学校

学年・教科 小学6年｜総合的な学習の時間　単元・題材 卒業研究
準 備 物 タブレット端末（iPad）｜Clips｜クラウド（動画共有）

本時で達成したい目標（教科のねらい）

- 目的に応じて手段を選択して情報を収集し、自ら必要な情報を絞り込むことができる。
- 明確な根拠に基づいた主張をつくり、工夫して表現することができる。
- 自他の特徴を捉え、客観的に相互評価ができ、課題の解決に向けて納得解を見つけようとしている。

本時で大事にしたいメディア創造力

A3	Lv3	課題に対して、相手意識・目的意識を持って主体的に取り組むことができる。
B1	Lv3	制作物を見て、構成要素の組み合わせ方が適切か判断できる。
B3	Lv3	制作物には、発信側の意図が含まれていることを読み取ることができる。
C3	Lv3	自分が撮影し取材した情報を編集し、映像と言葉を関連づけて表現できる。
D3	Lv3	他者との関わりを振り返り、自己の改善点を見つめ直すことができる。

カメラ機能をどう使ったか

　本実践では、写真よりも情報量が多く、発信側の意図が含まれやすい素材として動画を選択した。思い出を記憶ではなく記録に残すというコンセプトのため、自らのお気に入りの場所の静止画だけではなく、その場で何をしたのかなどの思い出も形として残すことができる動画を作成する。そのため、お気に入りの場所を色々な視点で撮影する。

▲ 水族館で撮影

▲ すべり台で撮影

授業の概要

　卒業まであと数か月。6年間過ごした学校には、児童にとって、それぞれの思い出の場所がある。「たくさんの思い出のつまった記憶を、目に見える形で残したい！」、そんなみんなの思いからスタートした、思い出の「記憶」を「記録」として残す活動である。つくった記録ムービーは互いに共有し、相互評価を行いながらブラッシュアップし、納得のいく作品へと仕上げていく。「動画制作＝時間がかかる」という先入観を、Clipsを活用することでシンプルだけど今風にアレンジした動画を作成することができ、児童の満足のいくものとなった。

授業の展開

活動内容	指導上の留意点
1　めあて、ルーブリックを確認する。 　　お気に入りの場所紹介ムービーをつくろう。 　　• 自分の"お気に入り"の様子がわかる動画をつくる。 　　• 1分以内の動画をClipsでつくる。	• 6年間の集大成としての卒業研究に向けてのモチベーションとスキルアップとしての学習活動であることを伝える。
2　動画制作に出かける（個人・協働）。❶❷	• お気に入りの場所は、重なる場合があるため、協力して撮影することもよいことを伝える。
3　相互評価・ブラッシュアップを行う。❸	• 共有ドライブに場を設定しておく。 • 自分のタイミングで友達の動画を見たり、コメントしたり、アップしたりするよう伝える。
4　振り返りを行う。	• 客観的に振り返りができるように、ルーブリックをもとに自らの活動を評価したり、相互評価を活かしたりするように声掛けする。

実践のポイント

▶❶撮影と同時に編集も終了

　Clipsには、撮影者が撮影時に話している言葉がテロップとしてリアルタイムで付く機能があるため、撮影と同時に編集も終了し作品ができあがる。動画編集にほとんど時間を割くことがないため、動画をつくることが目的にならず、内容の検討に時間をかけることができる。そして、試行錯誤が容易なので、自分が表現したいスタイルを見つけていく。

▶❷お気に入りの場所を色々な視点で撮影

　たとえば、校庭にあるすべり台がお気に入りの場所と設定した児童は、そのすべり台を様々な視点で撮影し、組み合わせてその思い出を表現することができた。すべり台をすべりながら撮影し、臨場感を出すための工夫をしたり、自分がすべっている様子を友達に撮影してもらったりしていた。さらに、反対向きですべって撮影し、すべり台をただすべっただけでなく、いつもと違った感覚も加えることができた。

▲すべり台で反対向きを撮影

▶❸撮ったその場で共有＆相互評価、そしてすぐにブラッシュアップ

　児童自身が共有できるクラウド領域を設定しており、できあがった動画はすぐにクラウドへアップし、他の児童も見られる環境となっている。写真の2人のうち、1人は少しこだわって編集作業をしている児童であり、もう1人はすでにクラウドにアップし、他の児童がアップしている動画を視聴してコメントをしているシーンである。さらに、コメントを見てブラッシュアップする児童もいる。

▲観覧席で編集＆コメント

応用アイデア　こんなことにも使える！

　　この授業自体を思い出として残すこともできる。友達によるメイキングムービーづくりである。1人の児童が自分の思い出の場所をどこにしようか迷っている様子や、実際の撮影場面、編集しているところ、また誰かと相談してつくり直しているところなど、活動の様子を友達がついて回って撮影することで、その児童の学びの足跡としてのメイキングムービーができあがる。また、お気に入りの場所の撮影にとどまらず、休み時間にその場で実際に遊んでいるところを撮影し組み込むことで、まさに友達とのリアルな遊びの思い出を記録として形に残すこともできる。このように、1人1台端末を持つことは、その授業時間だけの学びにとどまらず、いつでもどこでも学びを実現できる環境を手に入れることになる。

♣ 紹介 20 オリジナルの英語クイズムービーを制作しよう！

反田 任 たんだ たかし　同志社中学校

学年・教科	中学1年｜英語　単元・題材 助動詞canの用法
準 備 物	タブレット端末｜クイズの制作についての解説プリント｜Clips

本時で達成したい目標（教科のねらい）

クイズの制作を通じて助動詞canの用法を学び、内容を正確に伝えるための英語表現の工夫と英語の正確な発音を意識する。

本時で大事にしたいメディア創造力

B2　Lv3 映像の目的や意図を自分なりに読み取り、言葉や文章で表すことができる（映像・動画・イラスト・画像等）。

C3　Lv3 自分が撮影し取材した情報を編集し、映像と言葉を関連づけて表現できる。

カメラ機能をどう使ったか

クイズを考えてクイズをカメラに向かってそのまま読み上げて動画を作成したり、内容に合った画像を撮影したり検索して保存した後、アフレコして制作した[1]。また、音声を吹き込む前に発音チェックのためにインカメラを使って発音チェックをするなどした。

▲ 生徒が撮影したクイズ動画

▲ 動画制作の様子

授業の概要

中学校英語科1年生の文法項目「助動詞 can〜（〜できる）」の活用を対象とした実践である。既習の英語表現と「can」を使って英語で3ヒントクイズの動画を制作した。

まず、クイズを考えて、クイズに合った3つのヒントの英文を作成する。その英文が答えを連想するために適切かどうかを考え、必要に応じて修正する。英文を完成させた後、英文に合った画像を撮影、選択したり、イラストを描いたりする。

▲ 英文作成の様子

※1　本実践は2020年度でコロナ禍の最中であったため、マスクを外したりすることができず、また思うように外出もできなかったので、実際はほとんどの生徒がフリー画像を集めたり、イラストを描いたりして素材を制作した。

アプリ（Clips）のライブタイトルの機能を用いて、クイズの英文を自分の声で吹き込み英語のテロップを入れる。ライブタイトルは発話を自動的に認識し、文字化できる機能で、この機能を活用することにより生徒が自分自身で英語の発音をチェックすることができる。

授業の展開

	活動内容	指導上の留意点
1	英語の3ヒントクイズ制作について確認する。	• 説明プリントと動画サンプルを見ながらイメージする。
2	3ヒントクイズの英文を考える。❶	• 今までの既習事項とcan～を用いてクイズの英文を作成する。
3	動画制作のためにクイズの内容に合った素材を集める。❷	• カメラで画像や動画を撮影したり、著作権フリーの画像素材や自作の絵を用いるよう助言する。
4	自動字幕機能を用いて発音練習を行う。	• 英語の正確な発音を意識できるよう助言する。
5	音声を吹き込み、動画を制作して完成させる。❸	• 動画と音声がマッチして、相手にわかりやすいクイズになっているか留意する。

実践のポイント

▶ ❶課題説明はあらかじめ配信してわかりやすく

文書作成アプリで英文クイズの書き方について、動画で完成イメージをタブレットにあらかじめ授業支援アプリなどを使って配信しておくと、課題に取り組みやすい。また文書を作成する際にタイピングの練習にもなる。オートコレクション機能をオンにしておくと、入力した時点でスペリングミスをチェックしてくれるので、学習者にとってもすぐに修正ができるメリットがある。

▶ ❷著作権の学習もあわせて

この課題は英語で学習内容を使って、「Who am I?（英語の3ヒントクイズ）」を作成することがゴールであるが、制作過程においてフリー素材の画像を使用する際に、あわせて著作権についても触れておくとよい。フリー素材であっても利用条件・制限などがあるケースがあり、あらゆる機会を通じて学ぶことが望ましい。

▶ ❸オリジナルのクイズ動画にするための工夫

ある程度完成の見通しがつけば、動画の画面に応じて、クイズのテロップだけでなく、スタンプやBGM（音楽）を入れると工夫が凝らされた作品となり、創造性豊かな作品となる。文字だけで作成していたクイズが、動画で表現することで文字と音声、映像が組み合わされ、英語の「書く」「読む」「話す」の技能を統合したアウトプットとなる。

応用アイデア こんなことにも使える！

「My Home Town」「Our School」「My Family」などをテーマに、実際にカメラで画像や動画を撮影しながらライブタイトル（自動字幕機能）を使って、紹介動画を制作する。これは色々な教科、単元で活用できる。あらかじめ撮影した画像や動画を使って、アフレコで音声を入れる方法が取り組みやすい。大まかなストーリーを考えて、動画を撮影しながら説明すると実況中継やレポート風の仕上がりになるので、色々なバリエーションを考えて制作すると楽しい。ライブタイトル（自動字幕機能）を使うことにより、英語、日本語にかかわらず、正確に話せているかどうかのチェックになるので、ぜひ活用していきたい。発音の正確さだけでなく、話すスピードや間の取り方などを考えるきっかけにもなる。

説明 01 「あったらいいな」が、本当にあった？！

川澄 陽子（かわすみ ようこ）　那珂市立横堀小学校（なか）

学年・教科 小学2年｜国語　単元・題材 あったらいいな、こんなもの
準 備 物 タブレット端末

本時で達成したい目標（教科のねらい）

身近なことから想像を広げ、「あったらいいな」と思うものについて考えることができる。

本時で大事にしたいメディア創造力

C1　Lv1 自分の経験や身近な人から情報を得て、伝えるべき内容を考えることができる。

カメラ機能をどう使ったか

本単元は、考えたものを相手にわかるように説明する方法を学習し、相手の説明を聞いて、感想や意見を言う活動を行う。そこでカメラ機能を大きく2つの活動で活用した。1つ目は、児童が考えた「あったらいい」と思う道具について、より詳しく考える場面である。道具をより詳しく考えるために、友達と質問し合う活動を動画に撮影した。そうすることで、道具をより詳しく考えるために、ナイスな質問を全体で共有できたり、動画を何度も見直したりすることにつながった。2つ目は、「あったらいい」と思う道具を写真の世界に出現させる場面である。カメラ機能のマークアップを活用し、児童が思い描く「あったらいい」と思うものを、写真の中の自分の周りに描き込む活動を行った。

▲ あったらいいと思う道具を考える様子

▲ あったらいいと思う道具を描いてみる

授業の概要

児童が自分にとって「あったらいい」と思う道具について考え、絵に描いたものを友達との対話を通して、より具体的な形へと固めていく学習である。話合いは、グループごとに行った。2グループを一組として、話合いを行うグループ、それを撮影し観察するグループに分けた。話合いを行うグループ内の1人が、タブレット端末で描いた「あったらいい」と思う道具について説明を行い、発表者以外の友達が質問や感想を伝えることで、道具をより詳しく考えることへとつなげた。話合いの様子を動画で記録しているので、誰のどんな質問が道具をより詳しくするために効果的であったか等を、何度も見返したり、全体で共有したりすることにつながった。

授業の展開

活動内容	指導上の留意点
1　本時の課題を確認する。 　「あったらいいな」と思うものをくわしく考えよう。どんなことを聞いていくとよいのかな。	• 友達と質問し合うことで、「あったらいいな」と思う道具について詳しく考えることができるようにする。
2　詳しく考えるための話合いの進め方を確認する。❶	• 教員の考えた道具を見せながら足りない説明をすることで、児童からの質問を引き出すようにする。
3　グループごとに話合いを行う。❷ • あったらいいものを見せて、道具をより詳しくする。	• 役割を視覚化することで、1人ひとりが能動的に取り組むことができるようにする。 • アドバイス動画を何度も見返すことで、道具をよりよくしていくことができるようにする。
4　本時の学習の振り返りを行う。 • 道具がもっとよくなったぞ。	• 道具がよりよくなるアドバイスをしたり、効果的な質問を考えることができたかを確認する。

実践のポイント

▶ ❶あったらいいものバージョンアップ！

　発表者は、タブレット端末に描いた「あったらいいな」と思うものをグループの友達に説明をし、もう1グループはそのやりとりの様子をカメラ機能の動画で撮影をする。発表者は、ヒントとなるアドバイスやナイスな質問をもとに、道具をより詳しくするためのアイデアを加えながら、道具をバージョンアップする。やりとりの様子が動画に残るので、友達からのアドバイスを何度も見返すことができ、道具をより詳しく考えることができる。

▲ 友達同士のやりとりを撮影する

▶ ❷現在○○進行中

　話合い活動中、各グループ内での役割を明確にするために視覚化を行った。ビブスを着たり、赤白帽子で目印を付けたりして、誰が見ても役割がわかるようにした。そうすることで、話合い活動も活発になり、発表者が考えた道具をみんなでよりよくしていこうとするような一体感も生まれた。動画撮影担当者は、道具のヒントとなるアドバイスやナイスな質問をする児童に、カメラを向けることができていた。「あったらいいな」と思う道具について詳しく考える活動後、道具に修正を加えて紹介する材料を整えることができた。

▲ 「あったらいいな」を見せ合う児童たち

応用アイデア こんなことにも使える！

▶ 私、ここ工夫しました！〜図画工作の作品過程をタイムラプスで撮影〜

　図画工作での制作の過程を、カメラ機能のタイムラプス動画で撮影した。作品が完成するまでの様子をコンパクトにまとめることができるので、学習後の振り返りとして動画を見返した際に、工夫した点や友達にアピールしたい点を容易にすることができた。

▶ 係活動、彩ります

　係活動のPR動画や活動様子記録をカメラ機能でまとめる。また、グリーンバックを使用して係活動の写真を撮ることで、場面を合成したユニークな掲示用写真を作成することができる。

植物の成長アルバムをつくろう

清水 裕太（しみず ゆうた） 茨城大学教育学部附属小学校

学年・教科 小学3年｜理科　**単元・題材** 植物の育ち方
準 備 物 タブレット端末｜植物｜クラウド（写真の共有）

本時で達成したい目標（教科のねらい）

育てている植物の様子を記録したり交流したりする活動を通して、植物の様子の違いや育ち方の共通性を捉えられるようにする。

本時で大事にしたいメディア創造力

A2　Lv1 文章を読み取ったり、絵や写真から考えたりする学習を活かすことができる。

A3　Lv2 自分が見つけた疑問を、すすんで探究することができる。

カメラ機能をどう使ったか

自分の育てている植物や様子を一定期間ごとに撮影していき、様子の変化を捉えられるようにする。写真で記録しておくことで、撮影当時の様子を細かく記録できる。同じアルバムに保存しておくことで、前後の様子を繰り返し確認したり、長期的に少しずつ変化する植物の成長を、俯瞰して一連の変化として捉えたりできるようになる。また、自分と友達が育てている植物の様子の変化を比べるのが容易になり、差異点や共通点を捉えやすくなる。

▲ 育てている植物の様子を記録

▲ 記録したデータを振り返り確認

授業の概要

4月下旬頃に種まきをして、1人につき1つの種類の植物を育てていく。育てている間に顕著な成長の変化が見られるようになったところで、観察の時間を設ける。その際、タブレット端末のカメラ機能を活用して、植物の様子を画像で記録し、後で見返しやすいように観察のたびに同じアルバムに保存していく。さらに、気づいたことを撮影した画像に書き込んだり、キャプションとして文章でまとめたりして、変化した部分を明確に捉えられるようにする。観察の記録をした後には、友達と記録の交流をする時間を設ける。自分と友達が育てている植物の様子の変化を比べることを通して、種類によっての差異点や、種類が違っても共通している点について捉えられるようにする。

授業の展開

	活動内容	指導上の留意点
1	前時の学習を振り返り、本時の課題をつかむ。 　育てている植物はどんな様子になっただろう。	• 前回観察したときの様子を、写真を見て振り返ることで、それと比較して観察できるようにする。
2	植物を観察し、様子について記録する。❶ • 前より葉の数が増えて、花も咲いたよ。 • 高さは40cmくらいになったよ。	• 特に色、形、大きさの変化がわかりやすくなるように、写真を撮影したり、文章を書き込んだりするとよいことを確認した上で観察をする。
3	観察した結果を交流する。❷ • 種類によって葉の形や花の色は違うね。 • どれも大きくなって花が咲いたのは同じだね。	• オンラインの学習支援サービスを活用して、友達と観察の記録を見合い、差異点や共通点に気づけるようにする。
4	本時の振り返りを行う。 • どの植物も茎が伸びて葉も増えていき、花が咲く。	• 写真の撮り方や書き込みの仕方がわかりやすかった友達の記録を紹介することで、次時以降の記録に活かせるようにする。

実践のポイント

▶ ❶撮影や書き込みの仕方を工夫する

　前時や前々時に、友達の記録の中でわかりやすいものを考える時間を設けておく。その活動を通して、変化した部分が大きく写るように、カメラと植物との距離や角度を調節して撮影するとよいことや、色・形・大きさの変化について気づいたことを書き込むとよいことなどに気づけるようにする。それらのことを確認してから観察を行うようにすることで、相手意識・目的意識を持って主体的に観察や記録に取り組むことができるようにする。

・花がさいた。色は黄色
・高さは40cmくらいになった
・葉が増えた。

▲ 気づいたことを書き込んでいく

▶ ❷友達と比べて差異点や共通点を見出す

　オンラインの学習支援サービスを活用して、様々な友達が撮影した写真や気づいたことの文章を見合う時間を設ける。様々な友達の写真や書き込みといった情報を整理・比較・分析・考察して、種類によって花の色・形・大きさは違うが、どれも花が咲くことは同じだということ、種類によって葉の形や大きさは違うが、成長とともに葉の数が増えたり大きくなったりすることは同じということなど、植物の成長のきまりを見出すことができるようにする。

▲ 友達の記録も整理して考察

応用アイデア こんなことにも使える！

　写真で記録して同じアルバムに追加していく活用方法は、第3学年「こん虫の育ち方」の学習でも応用することができる。植物と同様に、昆虫を育てている間で顕著な成長の変化が見られるようになったところで観察の時間を設け、写真や文章で記録していけば、長期的に少しずつ変化する昆虫の成長を俯瞰して一連の変化として捉えやすくなる。また、種類の違う昆虫の記録を比較する時間を設ければ、差異点や共通点を捉えることができる。この他にも第4学年「季節と生物」「月と星の位置と変化」といった、長期的に少しずつ変化するものを一連の変化として捉えさせたい場面や、その記録を複数比較して差異点や共通点を捉えさせたい場面において、今回のような活用方法は有効に働くだろう。

▲ 他の授業にも応用できる

説明 03 仲間の助言をもとに 説明映像の質を高めよう！

福田 晃　金沢大学附属コラボレーション推進室（実践当時：金沢大学附属小学校）

学年・教科	小学3・4年複合学級｜総合的な学習の時間
単元・題材	フランス代表選手に届け！金沢からかみ作成ムービー！
準 備 物	タブレット端末｜Clips｜クラウド（写真の共有フォルダ）

本時で達成したい目標（教科のねらい）

映像制作アプリで制作した作品をコンセプトに基づいて見直し、改善点を見出し修正する。

本時で大事にしたいメディア創造力

C3　Lv3 自分が撮影し取材した情報を編集し、映像と言葉を関連づけて表現できる。

D3　Lv3 他者との関わりを振り返り、自己の改善点を見つめ直すことができる。

カメラ機能をどう使ったか

金沢市は、競泳オリンピックフランス代表選手のホームタウンとなっている。話合いの結果、合宿地であるホームタウン金沢のことを思い出すことを通し、大会へのモチベーションを持続してもらうべく、選手の宿泊予定地の近くにある近江町市場を絵にしたうちわ（唐紙を使用）を作成して送ることとなった。その際に選手たちに作成しているプロセスを知ってもらうために、うちわ作成過程の写真を撮影し、動画作成アプリ（Clips）を用い、動画も送ることとした。

授業の概要

児童は、うちわを作成する様子を個々で撮影した写真や、教師が撮影して共有フォルダに入れておいた写真を使う中で、作成のプロセスを動画で表現した。動画を作成する際には、細かい条件などはあえて設定しなかったため、画一的ではない個性に富んだ作品が数多く見ることができた。だが、作品の中には、うちわの作成過程を知ってもらうというコンセプトから多少のズレがあるものが見られた。そこで、本時は、自分たちがどのようにうちわを作っていったのか動画からわかるかどうかを他者の視点で確認し、修正することを通し、動画の質を高めることとした。実際には、作業過程で不足している情報があることに気づき、新たに写真を追加するなどの姿が見られた。

授業の展開

活動内容	指導上の留意点
1　作品のコンセプトを確認する。❶	• 作品を見合うための視点を確認するため、コンセプトを確認する。
2　作成した動画を見合う。❷	• 映像を見合う視点を共有する。
3　作品の改善点を伝え合う。	• コンセプトからズレがある点については、改善点を具体的に述べるよう伝える。
4　作品を修正する。❸	• 新たな写真が必要となった際には撮影し直してもよいということを伝える。
5　学習を振り返る。	• 変容に気づかせるために、修正前のムービーと比較させる。

実践のポイント

▶❶コンセプトを強く意識させる

　児童は選手たちに動画を見てもらいたいという強い思いを持っており、翻訳サイトを用いてフランス語をテロップに入れている動画や演出に凝った動画など個性的な動画を作成していた。ただ、動画作成の本来の目的は、「自分たちのうちわの作成過程を知ってもらうため」である。それゆえ、このコンセプトに今一度立ち返り、「うちわを作成する過程が本当にその動画で伝わるか」と問うた。児童はこの視点をもとに仲間が作成した動画を吟味していくことになる。

▲ コンセプトを忘れずに吟味

▶❷動画の構成要素を示させる

　作成した動画は、10〜15枚程度の写真を組み合わせて作られている（1枚あたり5秒程度）。動画は情報量が多いため、中学年の児童が動画を作成した相手に対し、一度見た映像に関していきなり助言をすることは非常に難しい。そこで、動画内で用いた写真を相手に示し、その後、動画を見てもらうという手立てを取った。このことにより、視聴前に動画の構成要素を把握できると考えた。実際に、助言する場面では用いている写真に関する助言が多く見られた。

▲ 友達の作品に助言

▶❸助言をもとに新たな写真を選び直す

　主に指摘された内容としては、うちわ作成過程で取り上げていないところがあること、写真からはその過程がわからないことが大半を占めていた。助言をもとに、児童は必要な写真を選び直したり、再度その過程を再現したりして撮影し直していた。また、同じ工程を取り上げた写真でも特定の部分をトリミングし、アップで示している様子も見られた。これらは、すべてコンセプトを強く意識しているからであると考える。修正を行う際には、コンセプトを今一度確認することが重要であると言える。

▲ 助言を受けてブラッシュアップ

応用アイデア　こんなことにも使える！

　1人1台端末があることによって、児童が動画を作成することは大変容易になった。今回は交流相手に自身の成果物の作成過程を動画で表現したが、自身の学びを客観的に捉えさせるための方法としても動画作成は有効であると考える。これまでは、学びの過程を振り返る際には自身のノートやワークシートを見直し、学習に関する振り返りを記述させることが主な手段であった。しかし、ノートやワークシートだけでなく、児童にカメラ機能を活用させ、新たな気づきを得るきっかけとなったものを写真で記録し、最終的には映像にまとめさせることによって、これまでとは異なる新たな振り返りが可能になるように思う。

説明 04　わかりやすくまとめる！ごみ処理ポスター

仲田　祐也（なかた　ゆうや）　那珂市立芳野小学校（なか　よしの）

学年・教科	小学4年｜社会	単元・題材	住みよいくらしをつくる　2 ごみのしょりと利用

準　備　物	タブレット端末（iPad）｜教科書｜ノート｜電子黒板｜クラウド（写真共有：SKYMENU Cloud）

本時で達成したい目標（教科のねらい）

　ごみを処理する事業について、見学・調査や資料を通して調べたことをもとに、処理の仕組みや工夫、自分たちが気をつけることを写真や図、言葉等で表現する。

本時で大事にしたいメディア創造力

　C3　Lv2　自分が撮影した映像をもとに、取材した内容を言葉にして表現できる。

カメラ機能をどう使ったか

　例年、ごみ処理場の様子を記録するときには、絵を描いたり、教師が撮影した写真を渡したりしていた。しかし、絵を描くことに集中してしまったり、1人ひとりが気になったところを写真として残せなかったりした。1人1台端末が配備されたため、見学に持参し、仕組みや工夫点を撮影していった。また、家庭学習の一環として、地域の集積所や収集車等の写真も撮影し、単元のまとめに撮影した写真を活用しながら処理の仕組みや工夫等をまとめた。

▲ 見学の際に端末を活用

▲ 撮影した写真から学びを深める

授業の概要

　本単元では、家庭からごみ処理場までの仕組みやそこでの工夫を学習していく。児童は本時までに調べ学習やごみ処理場見学を通して、処理の仕組みや工夫点について学んできた。本時は単元のまとめとして設定した。家でごみを出す場面、ごみ収集所、ごみ処理場の様子を、iPadのカメラ機能を用いて撮影し、写真にポイントを書き込んだり、流れに工夫を付け加えたりしながら、オリジナル資料を作成していく。最後に、ペア・グループで発表をし、互いの作品を見て、自分の説明資料を追加・修正する時間を設け、ごみ処理についての理解を深められるようにする。

授業の展開

	活動内容	指導上の留意点
1	本時の課題をつかむ。 家で出たごみはどんな流れで処理され、どのような工夫があるかまとめよう。	• 資料を提示し、既習事項を確認する。
2	既習事項をもとにごみ処理の流れをノートに書く。❶ • グッドモデルを提示し、見通しがもてるようにする。	• 仕組みや工夫に着目してまとめるようにする。
3	SKYMENU Cloudの発表ノート機能を使い、仕組みや工夫を撮影した写真を活用してまとめる。❷	• 工夫を赤文字で、みんなに気をつけてほしいことを青文字で書くように指示する。
4	ペア・グループで交流する。	• 友達の意見をもとに、追加・修正する時間を設ける。
5	本時の振り返りをする。	

実践のポイント

▶ ❶ごみの処理の流れをノートに記述する

SKYMENU Cloudの発表ノートに直接まとめを書く場合、考えがまとまらないまま作業をしたり、フォントや色等の見た目に集中してしまったりすることが予想された。そのため、本時の冒頭に、どの流れで処理され、ポイントは何かをコメントしたフローチャートを作成した。これにより、児童は本時のねらいである、処理の仕組みや工夫、自分たちが気をつけることに着目しながら、流れを考え、まとめることができた。さらに、ノートを撮影し、まとめ資料に活用する児童もいた。

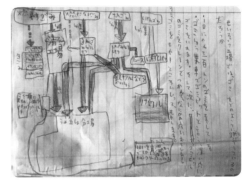

▲ ポイントをまとめたフローチャートを作成

▶ ❷撮影した写真を活用して
わかりやすいごみ処理資料を作成する

iPadのカメラ機能を用いて撮影した写真を活用し、オリジナルのごみ処理ポスターを作成した。家でごみを出す場面、ごみ収集所、処理場の様子等の写真を活用し、それらにポイントを書き込んだり、工夫を付け加えたりしながらまとめていった。付け加える際には、工夫を赤文字で、みんなに気をつけてほしいことを青文字で書き、見た人がわかりやすいと思う資料を作ろうと声掛けをすることによって、写真を並べただけの資料にならずに、流れや工夫を意識した資料になった。

▲ iPadを使ってオリジナルのポスターを作成

▲ 写真をフルに活用

▲ 見た人がわかりやすいように工夫を重ねる

応用アイデア こんなことにも使える！

本実践では、見学の際に自分で写真を撮影し、それをまとめ資料に活用していった。これは校外学習において活用できる方法である。児童1人ひとり、校外学習で気になったポイントは異なる。各自の視点で撮影することにより、オリジナルのまとめになっていく。そして、教科書や調べ学習でわかったことと自分で撮影してきたことを関連付けることで学習内容の理解につながっていく。また、低学年の生活科の町探検や高学年の宿泊学習・修学旅行でも1人1台端末を活かして風景や様子を撮影してくることで、事後のまとめ活動が豊かになる。特に、宿泊学習・修学旅行では撮影した写真や動画を活用し、思い出動画を制作し、発表会というゴールを設定し、活動の目的を明確にすることに有効である。

説明 05 苦手な作図も、これで一件落着！

渡辺 杏二 （わたなべ きょうじ） 鹿嶋市立鉢形小学校 （かしま はちがた）

| 学年・教科 | 小学4年｜算数 | 単元・題材 | 角の大きさは何度ですか |
| 準 備 物 | タブレット端末｜教科書｜ノート｜定規・分度器｜電子黒板 | | |

本時で達成したい目標（教科のねらい）

分度器を使って、示された角の大きさをかくことができるようにする。

本時で大事にしたいメディア創造力

D3　Lv3　他者との関わりを振り返り、自己の改善点を見つめ直すことができる。

カメラ機能をどう使ったか

定規や分度器、コンパスを使って作図する学習は、教科書等に示された手順だけでは、上手に作図することが難しい。経験を積むことで技能は徐々に高まるが、単元の学習内で上手に作図することができるように授業内でテクニックをつかむことができるようにしたい。そこで、児童の手元をカメラでクローズアップして実際に児童が作図する様子を見せることで、グッドモデルだけでなくバッドモデルを示したり、友達が作図する様子を見て自分と比べて練り合ったりしながら作図のコツを確かめ、上手に作図できる資質・能力を育てていく。

授業の概要

児童は、第3学年までに直角や角の概念について学び、角を重ね合わせるなどして大きさを比べる学習を行ってきている。第4学年では、角の大きさの単位（度、°）について知り、分度器を用いて角の大きさを測定したり、示された角の大きさをかいたりする。本時では、分度器を使って示された角の大きさをかくが、教科書等の文章や写真の手順ではコツまではつかむことが難しい。最近では動画資料等も多くあるが、細かなコツまでは伝わりにくい。本実践は、1人1台端末を教室のモニターに接続し手元を拡大して映すことにより、細かなポイントを伝え合ったり児童本人の作図にフィードバックしたりすることができる展開とした。

授業の展開

活動内容	指導上の留意点
1 本時の課題をつかむ。 どうすれば上手に角をかけるでしょうか。	・教師がバッドモデルを示し、正確に作図をすることが難しいという課題を共有する。
2 前時に学んだ角の大きさを測定する方法を確認し、学習問題を提示する。 60°の角の大きさを考えましょう。	・前時を振り返り、本時の学習問題を解決するための見通しを持つことができるようにする。
3 学習問題について考え、自力解決を図った後に、グループで考えを共有する。	・60°の角をかくことができたかどうか結果だけでなく、よりよい過程に着目することができるようにする。
4 全体で考えを共有し、よりよい角のかき方について話し合う。❶	・かき方の違いに着目するように助言し、細かなコツをつかむことができるようにする。
5 角をかく手順をフローチャートに整理する。❷	・よりよい角のかき方をフローチャートに表すことで、手順を明確にできるようする。
6 本時の振り返りを行い、次時の学習に見通しを持つ。	・本時に身についた力を確かめたり、学び方を振り返ったりして汎用的な学び方や今後に活かす力を高めることができるようにする。

実践のポイント

▶ ❶角のかき方を共有しよう

　分度器を使って示された角の大きさをかくためには、説明を聞いたり画像を見たりするだけではコツが伝わりにくい。考えを共有する場面では、単なる手順だけでなく、細かいテクニックにこだわりながら、友達が角の大きさを作図する様子をカメラ機能で撮影している動画を大型テレビモニターでクラス全体で視聴し共有する。どのようにすれば、正確に効率よく作図することができるのか、クラスで考えを練り合いながら問題解決を図り、学級児童が技能を習得することが重要になる。

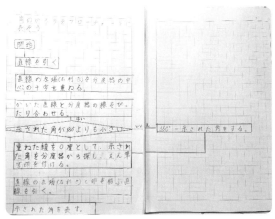

◀ 作図の様子を
大型テレビで共有

▶ 手元の動作がより
わかりやすくなる

▶ ❷フローチャートで表そう

　手順をフローチャートに表すことで、誰でもそれに沿って指示された角をかくことができるようになる。完成したフローチャートを共有することだけが目的ではなく、プログラミング的な思考を育むことやフロー図のかき方を学ぶこと、グループで折り合いをつけながら共同制作するなどの協働的な学びをねらう。これまで、繰り返し経験を積むと上手になっていく作図の技能を、コツをつかむことで理解を深め、短時間での技能の習熟を目指す。

▲ 手順をフローチャートで表す

応用アイデア　こんなことにも使える！

　3年生「円と球」では、コンパスを使って円を作図したり、長さを写し取ったりする。初めて扱うコンパスは上手に扱うことが難しいが、同じように手元を映しながらコツを確かめることが技能を習得するために有効である。

　5年生「円と多角形」で学習する、円を用いた多角形の作図は、言葉で説明することが難しい。そのようなときには手元を映しながら操作方法を共有したり、操作しながら説明したりする学習が有効である。他にも「垂直と平行」の学習では、2枚の三角定規を使って垂直や平行を作図した。ちょっとしたコツで、グッと作図が素早く正確にできるようになる。

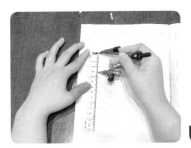

▲ 言葉で説明が難しい内容も、手元を移せば理解しやすい

説明 06 たてかけひくお君と 筆算マスターになろう

岡本 光司 　金沢大学附属小学校
おかもと こうじ

学年・教科	小学4年｜算数	単元・題材	わり算の筆算（1）

準 備 物　タブレット端末（iPad）｜ロイロノート｜Keynote

本時で達成したい目標（教科のねらい）

わり算の筆算の手順と数処理の意味について説明することができる（思考・判断・表現）。

本時で大事にしたいメディア創造力

C3　Lv3　自分が撮影し取材した情報を編集し、映像と言葉を関連づけて表現できる。

カメラ機能をどう使ったか

学習支援アプリ「ロイロノート」で、割り算の筆算の仕方を手順ごとにスライドを分けて作成する。各スライドに説明の音声を録音して解説動画を作る。さらに、iPad内でイラストを作成し、オリジナルキャラクター「たてかけひくお君」を作成して画像にして保存。その画像をKeynoteのインスタントアルファ機能を用いて筆算解説スライドに貼り付け、要点や注意点を吹き出しにして挿入する。

▲ 筆算の仕方をスライドで分割

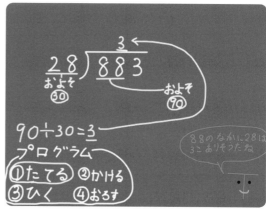

▲ 要点や注意点を書き出す

授業の概要

わり算の筆算の手順を細分化して4つのステップ（①たてる、②かける、③ひく、④おろす）の繰り返しであることを学習した。作業的に筆算を解くだけでなく、それぞれのステップではどのような数処理が行われているのかを自分で説明・表現できるようにしたい。そこで、4ステップの頭文字から筆算の達人「たてかけひくお君」というキャラクターを導入し、それぞれスケッチで自分の好きなデザインの「たてかひくお君」を作成。自分だけのオリジナルキャラを、Keynoteのインスタントアルファ機能で筆算の重要ポイントに登場させ、「百の位に商が立たないときは、最初に十の位に商を立てるよ」などの注釈をつけさせる。動画にして筆算の工程を説明することで、楽しみながらより深い理解と技能の定着を目指す。

授業の展開

	活動内容	指導上の留意点
1	本時の課題をつかむ。 わり算の筆算の手順の意味は？	• 数的処理ができるだけでなく、各数的処理の意味を説明する活動を通して、より深い理解につながるという意欲を高める。
2	動画のコマ割りの計画を立てる。❶	• 筆算の工程を分解して表現する（プログラミング的思考）
3	動画を撮影する。❷	• 間違いが起こりやすい箇所や、要点となる考え方を吹き出しで表現させる。
4	動画を見合い、表現の工夫を取り入れる。	• 全児童の動画を共有することで、他児童の表現の工夫を真似る中で、表現をより充実させていく。
5	学習の振り返りを行う。 この解説を見返せば、しっかり筆算ができるようになりそうだ。	• 筆算の学習が2学期に続くことを提示し、次単元への活用の意欲づけを行う。

実践のポイント

▶❶1スライドで1工程

　ロイロノート等のスライドを使って数学的思考を表現する際は、1つのスライドに1つの工程を表現させることで、スライドの枚数＝工程数となり、複雑な計算や考え方を細分化して考えることができるようになる。また、「1スライド1工程」という決まりを作ることで、前ページとの違いを明確にし、どこで間違いや計算ミスが起こりやすいのかを明確にしたり、算数が苦手な児童にとっては、自分がどこまで理解していて、どこが理解できていなかったかを明らかにして、学び直しの機会を確保することができる。

▲ 1つのスライドに1つの工程

▶❷たてかけひくお君が話すことで……

　今回の実践では、たてかけひくお君というキャラクターを作成させる活動を行った。このキャラを作ることで、次の2つのよさがある。
　① 作成の過程で筆算の4つのステップ（たてる・かける・ひく・おろす）を楽しみながら親近感を持って覚えられる。
　② キャラクターに吹き出しで注意点や工夫点をしゃべらせることで、第三者視点で注釈をするという、自分の学習を客観視して振り返る力を育てることができる。
　日頃の学習でも、吹き出しやコメントをノートに書くよう、継続指導するきっかけとなった。

▲ 間違いやすい箇所を明確化できる

▲ キャラクターを導入することで客観的に振り返られる

応用アイデア こんなことにも使える！

　今回の学習では、わり算の筆算の仕方を、スライドを使って表現した。スライドを使っての思考の表現は、3年算数「九九より大きい掛け算」や4年算数「工夫して計算しよう」など、式と言葉をつなげて思考することが重視される単元で取り入れることができる。学習中は「筆算はできるけど、言葉にして説明するのは難しい」という児童もおり、知識・技能的に筆算ができることに加え、数的処理の意味を理解し、表現できる力をこの活動を通して高めていくことをねらっていた。そのように意味を理解しながら学習を進めることで、「なら、もっと大きい数でも同じかな」「これってどんな数でも当てはまる決まりだよね」といった、数学的な思考の広がりにつながっていってほしい。

説明 07 人体すごいぜ！番組を作ろう

山本 直樹　関西大学初等部

学年・教科 小学4年｜理科　単元・題材 わたしたちの体と運動
準 備 物 タブレット端末

本時で達成したい目標（教科のねらい）

筋肉や関節と運動との関わりについて学んだことを活かして、人体が持つ優れた機能を映像で表現する力を育てる。

本時で大事にしたいメディア創造力

C2　Lv4 相手や目的に応じて、多様な表現手段を意図的に組み合わせることができる。

C3　Lv3 自分が撮影し取材した情報を編集し、映像と言葉を関連づけて表現できる。

カメラ機能をどう使ったか

本実践では、4年生が1人1台タブレットを持ち、活動を行った。タブレット機能で今回最も多く使ったのは、ビデオ撮影である。ほとんどの児童は、メインの映像として自分が解説する様子の映像を長く撮影していた。話す言葉を自動でテロップに変換する動画加工アプリの機能をうまく活用する児童もいた。また、ビデオ撮影の支援として、理科室にある骨格や内臓模型などの小道具は、自由に使えるようにしておいた。

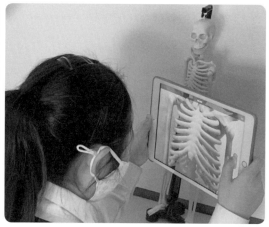

▲ 説明する様子を撮影

授業の概要

4年理科「わたしたちの体と運動」という単元で、骨・関節・筋肉の機能について学習した後、発展的にそれらの優れた機能を伝える1分間の番組作りに取り組んだ。まず、各自3つのテーマの中から1つに絞り、それぞれについてインターネットや図鑑を用いて詳しく調べる活動を行った。その後、伝えたい内容を300字程度に絞り込んで原稿を作成した。さらに作る番組の見通しを持つため、完成した原稿をもとにして絵コンテ作りを行った。その後、タブレット端末で番組に使用する映像素材を撮影した。粘土を使って関節の可動域を伝えるクレイアニメーション作りに取り組む児童や、グリーンバックで撮影した自分の姿を骨や筋肉のイラストに合成して編集する児童もいた。

授業の展開

	活動内容	指導上の留意点
1	調べ学習をする。	• インターネットだけでなく、図書室の図鑑などの資料も活用させる。
2	原稿を作成する。	• 1分間の番組を意識して、300〜350字程度にまとめる。
3	絵コンテを作る。	• 絵は撮影する映像を簡略化したものでよい。話す内容と映像がうまく合うようにする。❶
4	撮影する。	• 解説しながら撮影する方法、または撮影後にナレーションをかぶせる方法のどちらかを選ばせる。撮影に必要な理科教具は自由に使えるようにする。❷
5	編集する。	• 映像と言語の整合性がとれているか、余計な説明がないか、意識させる。
6	相互評価をする。	• 完成した全員分の映像を授業支援アプリに入れて、互いの作品を見ることができるようにする。

実践のポイント

▶ ❶映像と言語を関連づけて表現する

映像では伝わらない内容を言語で補完する作業は、情報を編集する過程で大変重要である。しかし、そのスキルが十分育っていない小学生段階では、映像と言語の整合性がとれないケースがよく見られる。これを防ぐ手立てとして、絵コンテを書く活動を重視した。絵コンテのワークシートには、まず完成したナレーション原稿を書く。その上に必要な映像のイメージを簡単に描く。これをすることにより、1分間の番組の中にどのような映像が必要か、見通しを持つことができる。

▲ 情報を整理するために絵コンテを作成

▶ ❷多様な表現手段を組み合わせる

タブレットアプリの機能を使うと、小学生でもテレビ番組クオリティの映像を作ることができる。このことは、映像作成意欲を高めることにつながる。そのため、実践に入る前に、いくつかの映像表現テクニックを指導した。その1つがグリーンバック合成である。これにより、解説する自分の映像を骨や関節のイラストと合成するような表現が可能となる。また、2つの映像を組み合わせるピクチャーinピクチャー手法も、1分間という尺に効率良く情報を埋め込むためには有効であった。

◀ グリーンバッグ合成

▲ ピクチャーinピクチャーの手法も活用

応用アイデア こんなことにも使える！

単元学習で学んだことを映像で表現する発展的な活動は、確かな知識を定着させる手立てとして大変有効である。学習してわかったつもりでいても、それがあいまいな知識であれば、いざ映像で表現しようとしてもうまくいかない。そこで、また教科の学習にもどることになる。その往復が実のある学びとして、子どもの力となっていく。それに、自分の頭の中にあるイメージを映像でアウトプットするという作業は、とても楽しく魅力的な活動である。今回は理科での実践を紹介したが、他教科でも十分応用可能である。しかし、単元学習後に行う発展的な活動であるから、あらかじめ授業計画に余裕を持たせる等の綿密な計画も必要となる。

説明 08 流れる水のはたらきが撮影したらわかる!

菊地 寛 (きくち ひろし) 浜松市立浅間小学校（実践当時：浜松市立雄踏小学校）

学年・教科 小学5年｜理科　単元・題材 流れる水のはたらき
準 備 物 タブレット端末｜流れる水のはたらきの実験装置

本時で達成したい目標（教科のねらい）

　流れる水の速さや量に着目して、それらの条件を制御しながら、流れる水の働きと土地の変化を調べる活動を通して、それらについての理解を図り、観察、実験などに関する技能を身につけるとともに、主に予想や仮説をもとに、解決の方法を発想する力や主体的に問題解決しようとする態度を養うことができるようにする。

本時で大事にしたいメディア創造力

　C3　Lv2 自分が撮影した映像をもとに、取材した内容を言葉にして表現できる。

カメラ機能をどう使ったか

　「流れる水はどのような働きがあり、水の量とどんな関係があるのか」ということを学習課題にして、グループごとに実際に流水実験器を使って実験を行う。その際、グループの中でタブレット端末で流水実験の様子を撮影する。その後、水の量や速さにより土の削りにどんな違いがあるのかという視点で、撮影した動画をグループで繰り返し再生し、話し合う。そして、「流れる水はどのような働きがあり、水の量とどんな関係があるのか」の答えをグループで出す。

▲ 実験の様子を撮影

▲ 動画を繰り返し再生して話し合う

▲ 流水実験の考察

授業の概要

　導入時に、台風のときの川の濁流の様子を提示し、「流れる水はどのような働きがあり、水の量とどんな関係があるのか」ということを学習課題に設定した。その後、グループごとに実際に流水実験器を使って実験を行う。水の流れが速く観察が難しいため、タブレット端末のカメラ機能で撮影することにした。また、水流が確認できるように、つまようじを土に刺したり、おがくずを流したり、グループで実験方法を考えるようにした。そして、流水実験の様子を撮影をする。ただし、理科であるので直接体験も大切にしたいので、実際に目で見ることもした。その後、水の量や速さによる土の削り方の違いを、動画で再生して、比較しながら考えるようにした。

授業の展開

活動内容	指導上の留意点
1　本時の課題をつかむ。 　　流れる水はどのような働きがあり、水の量と 　　どんな関係があるのか調べよう。	● 前時で立てた学習課題を確認する。
2　実験準備をする。	● 流水実験器を使い、グループで水の流れを視覚化する準備をする
3　流水実験をする。❶	● 水量を変えて実験を行うように促す。 ● 実験の様子をタブレット端末で撮影する。
4　実験結果をまとめる。❷ 　● 水の量が多いほど、流れが速いよ。 　● 曲がっているところは外側が削れているよ。	● 水量の違いで実験した動画を比較しながら再生し、わかることを 　ノートにまとめる。
5　本時の振り返りをする。 　● 水の量を変えることで速さが変わった。 　● カーブの内・外側で速さが違う。	● 次時は、川の流れについて学習することを予告する。

実践のポイント

▶ ❶色々な角度から撮影

　グループで撮影をするので、複数の視点（たとえば、カーブのところ、上流や下流の部分・全体の流れなど）で撮影することが可能になる。これは、1人が肉眼で見ているのでは、見える範囲が限られて難しい。複数の視点で撮影したものをグループでそれぞれ再生することで、複数の視点から水の流れを確認することができる。

▶ ❷映像と言語を関連づけて表現する

　撮影した動画をグループで再生する際、流れがわかりにくい部分もタブレット端末を用いて、繰り返し再生することで、確かめることができる。また、一時停止をして、土の削れる様子を比べることができる。一度見ただけの実験では、記憶に頼ることになるが、繰り返し再生することで、どの児童も流れる様子を確認し、グループで共有することができる。

応用アイデア　こんなことにも使える！

　　6年生で植物の水の通り道を観察する際に、顕微鏡を利用する。その際、顕微鏡に直接タブレット端末を付けて撮影すれば、説明をする際に活用できる。また、4年生の地面からの蒸発を確かめる実験でも活用ができる。地面にパックを置き、しばらく待ってからその変化を観察する実験だが、撮影することで蒸発前後の様子を簡単に比較することができる。

▲ 顕微鏡から見えるものをタブレット端末で撮影

▲ 実験の前後の様子を撮影して比較

説明 09 おばけヘチマのひみつ

今村 俊輔（いまむら しゅんすけ）　横浜市立茅ケ崎台小学校

| 学年・教科 | 小学5年｜理科 | 単元・題材 | 花から実へ |

準　備　物　タブレット端末（iPad）｜ロイロノート｜顕微鏡

本時で達成したい目標（教科のねらい）

　植物の花のつくりや実のでき方に興味を持ち、見出した問題を追究する活動を通して、花の役割や受粉と結実との関係をとらえるとともに、生命の連続性についての考えを持つことができるようにする。

本時で大事にしたいメディア創造力

　 C2　Lv3 　相手や目的に応じて、図表や写真などの表現手段を意図的に選択することができる。

カメラ機能をどう使ったか

▶ ヘチマの雄花と雌花を撮影

　ロイロノートに、教科書で紹介されているヘチマの雄花や雌花、おしべ、めしべの資料を入れた。児童は、その資料と観察している花を比べて雄花や雌花を探した。見つけるとロイロノートのカメラで撮影して保存した。教室に戻って、観察してわかったことをまとめ問いづくりをした。ロイロノートで撮影した写真に書き込みながらペアの友達にわかったことを説明した。問いについてはお互いに予想して楽しんでいた。

▲ おばけヘチマの解剖

▶ ヘチマの花粉を顕微鏡で観察して、撮影

　花粉を1人1台の顕微鏡で観察した。何百何千という黄色い粒が観察できた。倍率を上げると黄色い粒の中央にくぼみが見えた。児童は顕微鏡の接眼レンズにiPadのカメラを付けてベストショットを撮影した。観察したものをロイロノートに撮りためていった。

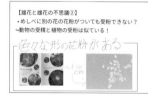
▲ 発表のスライドに使われた
　ヘチマの花粉

授業の概要

　児童の前に出てきた巨大な緑の実。細長いけど、きゅうりと比べたら大きすぎる。長さはおよそ80cm。表面はさらさらしていてゴーヤとは違う。それに重い。先端には茎のような突起が付いている。児童の最初の反応は「うわ！でかい！」、この実の正体は、「ヘチマ」である。学校で育てているヘチマが夏休み中に大きく育った。理科の単元の「花から実へ」の導入である。

　本単元では、ヘチマの花のつくりを観察することで、おしべとめしべの形の違いに気づけるようにした。そして、花の役割について児童と考え、おしべの花粉について調べていった。おばけヘチマが、顕微鏡で見なければわからない小さな花粉からできると知ると児童の植物への関心が高まっていった。

　単元末では、自分の探究を表現する場として互いにプレゼンテーション（以下、プレゼン）を行う探究発表会をした。児童は、自分の問いをもとに、教科書、本、インターネット、観察、実験などを繰り返し、探究のサイクル[1]を回すことで様々な資料をロイロノートに蓄積してきた。プレゼンをつくるときは、その資料を整理して活用し、自分の考えを効果的に表現できるプレゼン資料を作成することができた。

※1　探究のサイクル：1問い→2予想→3調べる→4結果→5考察・まとめ→6次の問い。

授業の展開

活動内容	指導上の留意点
1　花から実へ。 植物は、どのようにして実をつくり、種子を残していくのだろうか。	• 本物のヘチマの実や花の写真を準備し、めしべやおしべ、子房などに着目させる。
2　花のつくり　※探究の時間　❶❷ • ヘチマの花は、どんなつくりになっているのだろうか。 • ヘチマのめしべとおしべは、どんなところが違うのだろうか。	• 探究の時間では、探究のサイクルを自分で回していくことができるように、授業の導入10分ほどで活動内容を押さえ、残りの30分は、個人の探究の時間として確保する。残りの5分でペアの友達と共有できるようにする。 • 顕微鏡の操作方法を再度確かめてから、実際に見える映像などを提示して観察させる。
3　花粉のはたらき　※探究の時間　❶❷ • 受粉しなければ、実はできないのだろうか。	• 結実の条件についての考えを明らかにし、実験方法について考えさせる。 • 変える条件を確認しながら、実験・記録させる。受粉しためばなと受粉しないめばなに、それぞれ違う目印を付けて区別しておく。
4　探究発表会	• 友達の発表の後に、それぞれが解釈したことを話し合い、10分ほど議論できるようにする。

実践のポイント

▶ ❶個人の探究の時間を大切にする

　最初にたくさんの自分なりの問いを出させ、クラスで扱う問いをしぼり、みんなで同じ問いを検討していく方法がある。この方法のよさは、みんなが同じ問いを探究しているので、考えが交流しやすく、授業の最後には誰もが問いの答えを確認できることだ。しかし、1人ひとりが本当に追究したい問いではないというところが課題である。この課題を解決するために、個人の問いを大切にした、それぞれの問いを解決するための授業をすることにした。

　授業では、畑に行って観察したり、動画を視聴したり、本を読んだり、友達と話し合ったりとあちこちで児童が違うことをしている。それは、自分の問いを解決するために探究のサイクルを回しながら学習しているからである。最初に立てた問いが次の問いを生み出し、また、ヘチマの観察に出かけて写真を撮影してくる。このように、必要な資料は自分で用意することが伝えたい気持ちを高めるのではないだろうか。アップとルーズを意識したり、視点を変えて撮影したりすることも大切だが、自分で資料を用意して、なんのためにその写真や動画、資料を使うのか自分なりの答えを持つほうがもっと大切である。

▶ ❷探究発表会のプレゼンづくりのルール

　探究発表会に向けて、学んだことをロイロノートでプレゼンにしてまとめる。そのときにある程度ルールをつくっておくと、効率的にプレゼンづくりを進めることができる。

　① 1枚のシートの文字は80字以内。
　② シートは5〜8枚以内。
　③ シートは白、文字の色は変えない。イラストは描かない。
　④ シートには、自分の伝えたいことにあった写真や動画、資料を入れること。

　まずは、時間をかけずにシンプルなプレゼン資料をつくるほうが、学んだことをしっかりと振り返ることができる。

応用アイデア　こんなことにも使える！

　ある程度、プレゼンづくりに慣れてきた頃に、自分の伝えたいことを強調したり、相手に興味を持たせたりするために、文字の色を変えたり、手書きで書き加えたりできるようにしている。デジタルの文字表記の中に、手書きがあるだけで、温かみが生まれる。また、写真に直接書き加えることができるので、伝えたいことがより具体的になる。ロイロノートでは、イラストが苦手な児童も、撮影した写真を上からなぞって色を付けた後に、写真を消してしまえば、目を引くような上手なイラストを描くこともできる。

◆ 説明
10

図解で学習内容を整理し 友だちに伝えてみよう

小林 祐紀 （こばやし ゆうき）　茨城大学（実践当時：金沢市立小坂小学校）（こさか）

| 学年・教科 | 小学6年｜社会 | 単元・題材 | 明治の国づくりを進めた人々 |
| 準 備 物 | タブレット端末｜スライドアプリ |

本時で達成したい目標（教科のねらい）

　既習の内容を振り返り、人物相互や出来事との関係を考えて、当時の政治の仕組みや世の中の様子の変化について適切に表現する。

本時で大事にしたいメディア創造力

[C1　Lv3] 身近な人や統計資料から得た情報を整理・比較し、伝えるべき内容を考えることができる。

[D2　Lv3] 相手の反応を受けて、次の活動にどのように活かそうかと具体案を考えることができる。

カメラ機能をどう使ったか

　デジタルノート上で図解するときに必要な画像を取り込む場合に活用する。ただしこの際、著作権についても触れるようにすることで、情報モラルの視点も意識できるように配慮する。また、必要に応じてあらかじめフリー素材を用意しておき、配布することも考えられる。

授業の概要

　この単元では、明治維新で活躍した人物とその業績や出来事を数多く学ぶ。児童は、この時代に興味や関心はあるものの、なかなか知識として定着されない状況であった。そこで、第3次で行う人物関係図による学習のまとめを利用して、ここまでの小単元を通じて学習した人物とその業績や出来事を図解して表現する学習に取り組んだ。

　人物関係図を制作する際には、端的に表現することや矢印や線でつなぐことを通して、関係を示すことを指導した。こうすることで余分な情報はできる限り排除され、よりわかりやすくなると考えたからである。友達と伝え合い、説明し合う中で、学習内容を再度意識したり、表現方法を修正したりする姿が見られた。

▲ 人物関係図を制作する

▲ 関係を矢印や線でつなぐ

授業の展開

活動内容	指導上の留意点
1　本時の学習課題とゴールを知る。 　ここまでの学習を振り返って人物関係図にまとめてみよう。	• 図解についてイメージが持てるように簡単な例をもとに説明する。

活動内容	指導上の留意点
2　既習事項を確認しながら図解する。 　　人物同士の関係や出来事を落とさずに図解する。❶	• スライドアプリ等を使って1人ひとりが人物関係図の制作を進める。 • 必要に応じて画像を撮影する等、準備を行う。
3　友達と考えを交流する（説明し合う）。 　　友達と交流を繰り返す。❷	• まとめ方の違いや共通点に着目しながら交流を重ねるように指示する。
4　代表的な意見について全体で確認する。	• 大型提示装置に代表的な事例を提示し内容を確認する。
5　学習内容をまとめる。 　　学習事項を再度ここで確認する。❸	

実践のポイント

▶ ❶すぐに図解できるようにして配布する

　今回の授業では、限られた授業時間内に本時のねらいを達成するために、教師が事前に用意したスライドを用いた。用意したスライドには、人物のイラストや既習事項の用語をあらかじめ載せておいた。したがって、児童が行う操作はレイアウトを決め、矢印や線でつなぎ、さらに必要だと感じる既習事項を撮影したり、書き加えたりするだけとなる。そうすることで、教科書やノートの記載事項を参考に試行錯誤する学習活動に注力できるようになる。

▶ ❷自由に離席し何度も伝え合う

　図解が完成した児童から、自由に離席し友達同士で説明し合う活動を行った。図解することで、既習の学習内容を整理することができる。さらに、ペンを片手に書き加えながら説明することで、理解や聞き手に内容が伝わっていく。最初はただ画面を見せながら説明していた児童も、友達の説明のよさを採用したり、図解を修正したりする姿が見られた。だからこそ、複数人と説明し合える時間を十分に確保したい。

▶ ❸図解のよさを確認しながら学習内容を確認する

　授業の終末では、数名を指名して学級全体に向けて発表させた。当時37名の学級で誰を指名するのか。誰でもよいわけではない。ここでは、まとめ方、既習の事実の捉え方が異なる2人の児童を指名した。学習事項は変わらないが多様な表現を知ってほしいと考えたためである。また、どのように表現することが授業のねらいである「適切」になるのか児童に再度考えてほしいと願ったためである。

応用アイデア　こんなことにも使える！

　カメラ機能を使って違いや共通点を説明し確認し合う授業として、たとえば3年生の理科「植物の育ち方」において、葉・茎・根という植物のつくりを学ぶ場面が挙げられる。一般的には教員が用意した植物について、2種類ほど調べながら学習は進められる。しかしながら、校庭や通学路には多様な植物が存在している。そこで、児童が自ら選択した多様な植物について、観察し1人1台端末のカメラ機能で撮影した後、スライドに貼り付けていく。さらに、少し書き込みをした後に、互いの調べた植物のつくりについて説明し合うといった事例が考えられる。自分とは異なる植物について、もっと知りたいという気持ちは、自分で決めた植物を調べているからこそ高まっているはずである。

◀ 植物を撮影

説明 11 ユーチューバーになった気分で、プチ歴史事典（室町文化編）をつくろう!!

増井 泰弘　丸亀市立飯山北小学校

学年・教科	小学6年｜社会	単元・題材	室町文化と力をつける人々

準　備　物　タブレット端末｜教科書｜資料集｜Canva

本時で達成したい目標（教科のねらい）

室町時代に生まれた、金閣や銀閣に代表される新たな文化について調べ、室町時代の文化の特徴やその文化が現在まで受け継がれていることを捉える。

本時で大事にしたいメディア創造力

C3　Lv3 自分が撮影し取材した情報を編集し、映像と言葉を関連づけて表現できる（一番伝えたいことは何なのかを明確にし、映像資料を選び、キャプションや解説文を吟味し、自分の言葉で簡潔に、わかりやすく表現する）。

カメラ機能をどう使ったか

作成する動画に、自分が解説している様子をワイプ※1で表示させる。カメラ機能と動画編集アプリCanvaの「自分を録画する」の機能を活用して、自身が解説している様子を撮影する。タブレットのインカメラを使って撮影するので、自分が納得いくまで何度でも繰り返し撮影することが可能である。

▲ 解説する自分をワイプで表示

▲ カメラを使用し撮影

▲ 動画を吟味しているようす

授業の概要

ユーチューバーになった気分で、プチ歴史事典（室町文化編）をつくる。学習のまとめとして、映像と言葉を関連づけた表現物を動画として作成する。児童はこれまで、カードや新聞、スライドを作り、プレゼンテーションなどを行ってきた。今回は、その延長としての動画制作である。テーマ（何についての解説動画を作成するのか）を設定後、絵コンテシートに解説文を考え記入し、イメージする画像をラフスケッチする。次に、Canvaを活用してスライド（タイトルやキャプションを含む）を作成し、自分が解説している様子を動画撮影する。その後、簡単なエフェクトを加え動画を完成させる。完成した動画は共有し、児童がいつでも見ることができるようにした。

※1　メイン画面の一部分に小窓のような別画面を設けて映像を表示。

授業の展開

	活動内容	指導上の留意点
1	本時のめあてをつかむ。❶	・室町時代の文化について学習したことを振り返り、整理し、動画にまとめることを確認する。
2	テーマ（何についての解説動画を作成するのか）を決め、解説文を考える。	・一番伝えたいことは何かを意識し、スライドの画像をイメージしながら、解説文を考え、絵コンテシートに記入することを伝える。
3	映像資料を選び、動画を作成する。	・ここでは、絵コンテシートをもとに、Canvaで大まかなスライドを作成するよう促す。
4	自分が解説している様子を撮影し、動画を完成させる。❷	・動画撮影時には、ペアで協力しながら撮影する。自分が納得のいくまで、何度も繰り返し動画を撮影してもかまわないことを伝えておく。
5	学習を振り返る。❸	・完成した動画は共有し、児童がいつでも見ることができるようにする。

実践のポイント

▶ ❶ゴールをイメージさせる

事前に作成しておいたデモ動画を再生し、活動のゴールをイメージさせるとともに、動画制作の様子を実際に行ってみせることで、活動の見通しを持たせる。あわせて、動画で一番伝えたいことは何なのかを明確にする。動画の画像と関連した解説文は、自分の言葉で簡潔にわかりやすく表現することが大切であることを伝える。絵コンテシートを活用し、画像と言葉（解説文）を行き来する（吟味）ことで、内容を深める。

▼絵コンテシートを活用

▲ 画像と言葉を吟味する

▶ ❷動画撮影はペア活動で

動画撮影時にはペアで活動した。撮影後、すぐにその場で感想を伝え合うことで、安心して作業を進められ、納得のいく動画の作成につながった。作業を進めるうちに、自身の背景を意識したり、周りの環境音を意識し、より静かに動画撮影できる場所を求めたり、「今から動画撮影するので静かにしてね」と周りに呼びかけるようになった。自分が納得のいくまで何度も繰り返し動画撮影を行う児童も多く、休み時間など隙間時間を使って自主的に動画を撮影する児童も多くいた。

▲ 連携が取れるようにペアで行う

▶ ❸今度はもっと上手に作りたい

完成した動画は、全員で視聴し、本人の感想とともに、周りの友達からよかったところなどを伝え合った。振り返りでは、「また動画を作ってみたい」「今度はもっと上手に作りたい」「自身の解説文の読み方を工夫したい」など肯定的な感想が多くあった。また、動画はアーカイブ化し、共有することで児童がいつでも見ることができるようにした。それにより、事後に自宅で保護者に見てもらったり、テスト前に友達の動画を見て復習したりと、様々な活用がみられた。

応用アイデア こんなことにも使える！

「プチ歴史人物事典を作ろう！！」—— 社会科で学習した歴史上の人物を紹介するミニ動画を作成する。ユーチューバーになった気分で、歴史上の人物（たとえば、卑弥呼や聖徳太子、源頼朝や織田信長など）の紹介、業績やエピソードなどを、短くまとめて、わかりやすく動画で伝える。必要な写真やイラストなどの映像資料を必要最低限にまで絞り込み、解説文もできるだけ簡潔に。作成する動画は30秒程度とし、授業や単元のまとめとして、できるだけ短時間で制作する（慣れてくれば15分程度で作成できる）。完成した動画は共有し、また、それらをアーカイブすることで、振り返りとしても活用できる。

説明 12　身近なもので導き出せる！？縮尺の考えを動画でレクチャーせよ

伊藤 崇　ひたちなか市立那珂湊中学校（実践当時：那珂市立瓜連小学校）

学年・教科	小学6年｜算数　**単元・題材** 拡大図・縮図
準 備 物	タブレット端末｜PC（編集用）｜iMovie｜タイマー｜電子黒板｜定規

本時で達成したい目標（教科のねらい）

縮尺の意味とその表し方や、縮図上の長さと実際の長さとの関係を活用し、縮図から実際の長さを求めることができる（思考・判断・表現）。

本時で大事にしたいメディア創造力

C3　Lv3　自分が撮影し取材した情報を編集し、映像と言葉を関連づけて表現できる。

D1　Lv3　自他の考えを組み合せながら、集団としての1つの考えにまとめることができる。

カメラ機能をどう使ったか

本実践の発表場面で、児童の課題の解法動画の作成に使用するのが主な用途である。また、課題を解く際に測定対象（掲揚塔）の縮図として撮影した画像の長さを測り、縮尺を導き出すという使い方もあった。

▲ 監督、カメラマン、出演、編集等グループで役割分担して行う　▲ 写真は実物の縮図であることに気づき活用

授業の概要

アメリカ国立訓練研究所が示した「ラーニングピラミッド」によると、「他の人に教える」活動こそ高い学習定着率につながるものと示されている。また、GIGAスクール構想により1人1台のタブレット端末が整備されたことで、授業でも児童が手軽に動画を撮影・編集できる環境が整った。そこで本実践では、課題に対して6年生に向けて解法を動画で作成することを試みた。学習指導要領解説には、算数科改訂の要点として「実社会との関わりと算数・数学を統合的・発展的に構成していくことを意識して数学的活動の充実等を図った」とある。本実践では、日常生活と関連させた問題解決学習を通して、学習したことが日常生活に役立っていくという認識が持てるように意図した。

授業の展開

	活動内容	指導上の留意点
1	瓜連小の国旗掲揚塔の高さを、縮尺を使って求める方法を考える。❶	・「市内の小学校の中でも瓜連小の掲揚塔はひときわ高い印象がある」という話から課題を引き出す。場面が自分たちと関わりが強い場所であり、結果を知りたいという思いから、活動に対する期待感を高める。
2	わかりやすい動画について考え、撮影計画を立てる。❷	・NHK for School「プロのプロセス」から、動画作りのノウハウを学び、活動の流れを絵コンテにまとめることでスムーズな活動につなげていく。
3	解説動画の撮影・編集を行う。	・前時で作成した絵コンテをもとに、撮影、編集を行う。作成した動画は視聴者としての視点を意識してグループ内でブラッシュアップを重ねる。
4	各グループの方法を発表し、比較・検討を行う。❸	・各グループが発表する動画から共通性を見つけ、一般解を導き出す。その後市内全小学校の掲揚塔の画像からどこが一番高いか調べる。

実践のポイント

▶ ❶入口（課題）の示し方

佐藤 明彦『GIGAスクール・マネジメント』[※1]によると、授業で学んだことを「生きた知」にし、実生活で活用できるようにするには、知識・技能を活用する場面を用意することが大切とある。児童にとって教科書の問題は「日常とは関係ない架空のもの」というイメージを持つ子が多い。この実践を通じ、授業で学んだ知識・技能を日常生活で活用しようとする態度を育むことができると考える。

▶ ❷円滑な活動に向けた環境整備

動画サイトの視聴が普及し動画に触れる機会が増えたとはいえ、児童にとって実際に動画を作成するという経験はまだ少ない。そこで、動画の構成、撮影、編集に関するノウハウを身につけさせる時間を設けることで、活動に専念できる環境を整えた。特に絵コンテは、必要な情報や流れが視覚的にわかりやすくなり、グループ全員が共有することで活動が非常にスムーズになった。なお、iMovie の基本的な使用方法をレクチャーするために、教科書の内容とは別に時間を設けたが、児童の技能習得スピードは、教員の想像以上に早かった。

▲ テロップやBGM等の効果は、実際に使いながら児童自ら発見し活用していた

▶ ❸出口（アウトプット）の選択

解法を人に教えるアウトプットの手段として動画を選択した。理由としては、①「口頭での発表と比べ写真や文字、音声など多彩な表現方法でわかりやすさを追究できること」、②「計算式が成り立つまでの流れが可視化され理解がより深まること」、③「動画作成には構成、撮影、編集など多くのプロセスがあり、その過程で仲間と対話しながら協働する力が養われること」、④「記録として残ることで、次年度以降の授業でも活用してもらえるという期待感が意欲につながること」が挙げられる。

応用アイデア こんなことにも使える！

作成した動画を教員間で共有すれば、次年度以降の授業で活用することができる。また、児童がアクセスできるクラウド上で共有すれば、復習用のヒント動画として活用することもできる。

今後は教科の指導に限らず、給食の配膳の仕方や掃除の仕方、遊具の安全な使い方など、1年生向けに小学校のルールを伝える動画の作成を行っていきたい。必要なときに繰り返し視聴することができるだけでなく、児童が説明することで視聴する側の興味関心を高める効果が期待できる。

※1　時事通信社、ISBN：9784788717541。

説明
13

ホンモノパンフレットを作ろう

山本 直樹　関西大学初等部

学年・教科 小学6年｜総合的な学習の時間（国語・図画工作）　**単元・題材** ホンモノパンフレットを作ろう
準 備 物 タブレット端末｜PC（編集用）｜パンフレット（広告）

本時で達成したい目標（教科のねらい）

パンフレット作りを通して、言語と画像を効果的に組み合わせて伝える力を育てる。

本時で大事にしたいメディア創造力

D1　Lv3　自他の考えを組み合せながら、集団としての1つの考えにまとめることができる。
D2　Lv2　相手の反応を受けて、どのように伝えればよかったか理解できる。

カメラ機能をどう使ったか

パンフレット作りを体験する段階で実際に宿泊学習に行き、その施設の魅力は何かを考えながらカメラで取材活動を行った。この活動が、パンフレット作りをする際の写真選択およびそのレイアウト作業に役立った。また、ソフトウェアのホンモノパンフレットを制作する段階では、そのソフトウェアでできることを紹介するために、ポスターや新聞作りも行った。児童は、学校生活の中からテーマを選び、デジタルカメラを使って様々な写真素材を蓄積していった。

▲ 作成したポスター

▲ 様々な写真を撮影

授業の概要

本実践は、小学校5年生がコンピューター・ソフトウェアを販売する企業からパンフレット制作の依頼を受けて企画立案し、最終的に採用されることを目指すというものである。最初に、児童は広告を専門とする企業担当者から、言葉と写真を組み合わせて伝える広告の基礎を学んだ。その上で、自分たちに関わりのある施設のパンフレット作りを体験した。その後、企業の販売促進用パンフレット制作に取り組んだ。3〜4名で1チームを組んで取り組む、プロジェクト型協働学習のスタイルで進めていった。そして、最後にコンペ形式でのプレゼンテーション（以下、プレゼン）を経て、最も優秀な提案をしたチームの作品がパンフレットとして採用されることとなった。

授業の展開

	活動内容	指導上の留意点
1	パンフレット制作依頼および基礎授業を行う。	• 企業担当者からパンフレット作成依頼を受ける場を設定する。その後、パンフレット制作の基礎を教えてもらう。プロならではの広告テクニックを紹介してもらうように依頼しておく。
2	パンフレットの研究を行う。	• 授業前に、様々なパンフレットを家から持ってくるように指示しておく。それらを使って、言語表現や写真表現にどんな工夫がしてあるかを意見交流させる。
3	パンフレット作りを体験する。	• パンフレットの題材は、実際に行く宿泊学習施設など、伝える必然性のあるものから選ぶ。❶
4	パンフレットを制作する。	• パンフレットで紹介するソフトウェアのよさをどのような言葉および写真で伝えるかをグループで明確にした上で、写真撮影とパンフレット制作に取り組ませる。
5	プレゼンを行う。	• 企業担当者を前に、パンフレット作品のプレゼンを行う。企業側には、ダメなところをはっきりと指摘するように依頼しておく。
6	ブラッシュアップ作業を行う。	• 企業担当者からのダメ出しを受けて、作品の修正を行う。ねばり強く活動を続けるように支援する。❷
7	最終プレゼンを行う。	• 修正後、再度プレゼンを行う。その後、企業担当者からパンフレットとして採用される作品を発表してもらう。採用されなかったグループへも教育的な配慮をする。

実践のポイント

▶ ❶建設的妥協点を見出し、協働する力を育てる

　プロジェクト型協働学習では、必ずぶつかる壁がある。意見の食い違いである。グループで作品作りに取り組む場合は、自分中心に作業を進めるわけにはいかない。時には、けんかに発展することもある。このようなグループの様子を教員がしっかりと見取り、適切にアドバイスすることが大切である。ぶつかることがあっても、いろいろな意見の中から建設的に妥協点を見出して1つの考えにまとめていく。このような活動を経験することで、児童の協働する力は高まっていく。

▲ グループで作品作り

▶ ❷ダメ出しでブラッシュアップ力をきたえる

　児童が何か作品を作った後、教員が安易に合格を出してしまうと、ブラッシュアップ力は育たない。今回は、第1回プレゼンの結果、全グループの作品が不合格となった。企業側からダメ出しを受けて、自分たちの作品に何が足りなかったかを児童は真剣に悩むことになる。しかし、「どうしても自分たちの作品を採用してほしい！」という思いが原動力になって、児童は作品のブラッシュアップに約1か月間取り組んだ。その結果、どのグループの作品も飛躍的に質が向上した。

▲ 真剣に取り組む

応用アイデア こんなことにも使える！

　人に情報を伝えるという役割を持つパンフレット作りは、学校のあらゆる学習や活動で応用が可能である。その教材となる様々な施設や商品のパンフレットは、無料で簡単に入手できる。それらはプロが作っているため、児童が学ぶべき言語力や写真表現力のヒントがたくさん詰め込まれている。言語力なら「比喩」「キャッチコピー」「体言止め」など、写真表現力なら「アップとルーズ」「写真構図」などである。また、パンフレット作りを通して、配色やフォントの基礎学習も可能である。コンピューターを使うと、配色やフォントは一瞬で変えることができる。でも一歩間違うと、読み手に伝える上で逆効果のデザインを安易にしてしまうということも起こりがちである。伝える内容に合わせた配色やフォントを適切に選択できる力も育てていきたい。

説明 14 「ほらね!」と相手の納得を引き出す カメラ機能の活用

岩﨑 有朋（いわさき ありとも）　鳥取県教育センターGIGAスクール推進課（実践当時：岩美町立岩美中学校）

| 学年・教科 | 中学1年｜理科 | 単元・題材 | 気体の発生と性質 |

準備物　タブレット端末｜ホワイトボード｜気体発生の実験器具一式

本時で達成したい目標（教科のねらい）

気体の種類による特性を確認する実験を行い、複数の根拠に基づいて謎の気体Xを特定できる。

本時で大事にしたいメディア創造力

C1　Lv4　様々な情報源から収集した情報を整理・比較して、効果的な情報発信の内容を企画・発想できる。

C3　Lv4　自分が撮影し取材した情報を編集し、明確な根拠に基づき映像と言葉を関連づけて表現できる。

カメラ機能をどう使ったか

気体の性質を確かめる実験の中には、石灰水の白濁実験やBTB溶液の実験など、色の変化で性質を確認するものが多い。また、火のついた線香を近づけて、線香の燃える様子を観察するなど、時には一瞬で変化するものもある。本時では複数の根拠に基づいて気体を特定するので、その根拠としての動画や写真を撮影し、説明時に「ほらね」と具体的な実験の様子を示すことで、聞き手の納得を引き出すことをねらってカメラ機能を活用した。

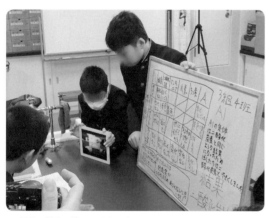

▲ 実験の様子を動画や写真で残す　　　　　　　▲ 動画や写真で相手の納得を促す

授業の概要

気体の学習のまとめと位置づけた本時は、謎の気体Xが何であるかを複数の根拠に基づいて説明する時間とした。酸素、二酸化炭素、水素、アンモニア、窒素について、気体を発生させたり、その性質を確かめる学習を気体それぞれに行ったが、それらの学習で得た気体の特性や確認の方法を組み合わせ、漏れなくダブりなく検証して気体Xを特定する学習である。どのような確かめ方をするのか、グループごとに確認し、結果はタブレット端末で撮影し、まとめを大判のホワイトボードに書いて説明する。根拠となる映像は聞き手が「確かにね」と納得できるように、相手意識を持ちながら撮影することで、背景や映像のタイトルまで考えながら取り組む姿が見られた。

授業の展開

活動内容	指導上の留意点
1　本時の課題を理解する。 謎の気体Xが何かを複数の根拠をそろえて特定せよ。	● 最初にグループごとに予想し、それをどのように確かめるのかの実験の段取りを考えさせる。
2　気体Xを採取して、気体の性質を確認する。❶	● 確認の際に、後の説明のときに根拠となる動画または写真を撮影させる。撮った映像はグループで確認し、メンバーの納得のもとで実験を進めることを確認する。
3　グループごとに大判ホワイトボードにまとめ、誰でも説明できるように準備する。	● 文字情報はホワイトボードに書き、補足の映像資料としてタブレット端末を準備させる。 ● 誰が説明してもよいように、発表者は直前に決めると指示する。
4　他のグループを相手に、聞き手から納得を引き出すように説明する。❷	● 説明中に少しでも疑問に思ったことがあれば質問するように聞き手には指示する。

実践のポイント

▶ ❶見る側に配慮した映像づくりを

　撮影する側は意図して対象物を撮影するが、映像は情報量が多いので、必ずしも見る側が撮影する側と同じような見方をするとは限らない。前後の写真を並べて変化を強調したり、写真に矢印を書き込んで注目させたりなど見る側への配慮が必要である。それらは、日々の経験で培われることと、よくできている映像を学級全体で評価するなどのポイントの共有の積み重ねがじわりと学習者のスキルとして表れてくる。

▶ ❷「この」「そこ」などの指示語を詳しく掘り下げる

　映像という説得力ある資料を使って生徒が説明するときに、彼らが「この部分が……」「そこに映っている……」といった指示語を使うたびに、「このって何？」「そこってどこ？」と説明の途中でも話の腰を折るように極めてしつこく問いかけるようにする。「電話の向こうの人があなたの話を聞いて、頭の中にイメージが浮かんでくるような具体的な説明にしなさい」と説明の言葉にこだわることで、説明の質はグッと変わる。

応用アイデア　こんなことにも使える！

　同学年なら、他校でも同じ単元をやっている可能性がある。単学級で関わりの範囲が狭い学校も、Google Workspaceに学校を超えて実験の映像を投稿し合い、他校の映像資料も踏まえて考察したり、実験結果の交流をGoogle Meetで行うなど、教員のつながってみようという意識次第では、関わりの範囲が一気に広がる。別の方法で実験しても同じ結果が得られるといった応用的なことも、複数校での交流なら限られた時間数でも可能になる。リアルタイムでの交流もあるだろうし、説明の様子を動画で撮影して、YouTube限定配信で両校で共有し、コメントを返すこともできる。オンデマンドで学習できるので、時間割の調整も必要ない。

説明 15 安全なくらしについて考えよう

岩井 祐一　東京学芸大学附属特別支援学校

| 学年・教科 | 高等部2年｜くらし（職業／家庭／保健） | 単元・題材 | 交通安全について考える |
| 準備物 | タブレット端末｜ワークシート｜テレビ |

本時で達成したい目標（教科のねらい）

　本校高等部では、生活支援に関する内容を扱う中心的な授業として「くらし」を設定している。卒業後の自分自身の生活の仕方、さらには生き方を主体的に考え、選択し経験を重ねることを目的としている。

　本時のテーマは、安全なくらしについてである。職業や家庭、保健などと関連しながら安全に生活するために必要なことを考える。高等部の生徒たちは、外出や移動の範囲が増え、就業体験の実習などで行き慣れない場所への通勤なども出てくる。その際にも安全な生活を送れるように単元設定をした。

本時で大事にしたいメディア創造力

A1　Lv3	社会問題の中から自分に関わりのある課題を発見できる。
A2　Lv1	文章を読み取ったり、絵や写真から考えたりする学習を活かすことができる。
B2　Lv2	映像の内容を読み取り、言葉や文章で表すことができる。

カメラ機能をどう使ったか

　カメラ機能は主に授業の展開場面で使用した。展開場面では、実際に学校の最寄り駅から通学路を歩いて、危険箇所や気をつけなければならない場所についてグループごとに探してカメラ機能を使用して撮影した。踏切や路地、駐車場などに着目してグループごとにカメラ機能で撮影を行った。撮影した写真は、グループごとに発表し、どのような点に気をつけなければならないかについて表現できるようにした。

▲ 生徒がカメラで撮影した写真（危険箇所に着目）

授業の概要

　本時では、通学路の安全なくらしについて考えた。前時では、災害について扱っており、安全に生活するために必要な知識について学習している。本時では、交通安全について取り扱った。移動範囲も増え、就労もひかえているため自ら危険から身を守ることを意識できるようにした。導入では、交通安全に関して生徒が知っている知識や情報を確認した。展開では学校の通学路をメインにして、気をつけなければいけないところをグループごとに相談しながらタブレット端末で撮影をした。その後、グループごとに写真を参考にしながら、気をつけなければならない点や見てほしいポイントなどについて発表・説明を行った。

授業の展開

活動内容	指導上の留意点
1　本時の内容について知る。	・通学中に気をつけなければいけないことについて生徒の考えを確認する。
2　通学路を調べる。❶	・グループごとに分かれて、通学路の安全について確認し、危険箇所や気になった場所はカメラ機能を使い、写真を撮る。
3　グループごとに発表する。❷	・撮影した写真を参考に、どのような点が気になったのか、危険と感じたのかについて説明する。
4　本時のまとめを行う。	・日常生活に関することも触れながら、様々な場面で活かすことができることを確認する。

実践のポイント

▶ ❶通学路の安全について調べよう

　本時の展開では、実際に通学路を歩きながらどんな点に気をつけたらよいのか考えることとした。ふだんは何気ない通学路であるが、意識的に歩くことにより子どもたち自身に気づきが得られるようにした。必要に応じて教員が必要な情報や「もし車がきたら」等の投げかけをしながら、グループの相談が活発になるように支援した。撮影する際は、気になった箇所を撮ることに加えて、グループのメンバーが撮影する場所に立って様々な視点から見え方の違いによってどのような変化があるのかも確かめた。

▶ ❷写真を見ながら理由を説明しよう

　撮影した写真は、グループごとにテレビに映しながら説明をする。危険だと思った点や気をつけたほうがよい点について発表をした。必要に応じて教員が質問やフォローをしながら共通理解が図れるように意識した。その他のグループでも同じような写真を撮っていれば、その場で確認したり異なった意見などについて聞いたりしながら安全なくらしについて考えた。生徒によっては、標識に注目し「左にしか車は曲がれないからここにいたら危ないかも」などと考えて発表する生徒もいた。

▲ 標識を見て起こりうる危険を考える

応用アイデア　こんなことにも使える！

　本実践では発表して「説明」することで終わったが、単元として時間が確保できれば、「我が町の防災マップを作ろう」等の活動に応用できるのではないかと考える。撮影した写真と地図を組み合わせて、オリジナルマップを作成できていれば、より効果的であると考える。さらに、他学年や他学部にも説明することができれば、学習としてより効果的であると言える。他にも家の周りの交通安全についてもカメラ機能を使用して撮影をして、学級内で共有することも可能である。

　また、交通安全以外にも学校周辺や家の周りなど、街の「説明」をする際にも今回のような展開は応用できると考える。撮影した写真や動画を組み合わせて動画を作ったり、模造紙に貼るなどして組み合わせることも学習の幅を広げるのではないだろうか。

創造
01

春を探しに

渡辺 杏二　鹿嶋市立鉢形小学校

学年・教科 小学2年｜国語　**単元・題材** 春がいっぱい
準　備　物 タブレット端末（Chromebook）｜教科書｜ノート

本時で達成したい目標（教科のねらい）

春を感じる言葉を探し、その言葉を使って簡単な文章を書くことができる。

本時で大事にしたいメディア創造力

C1　Lv1 自分の経験や身近な人から情報を得て、伝えるべき内容を考えることができる。

カメラ機能をどう使ったか

2年生は、「春」から連想するものを聞いても、なかなか思い浮かばないことが多い。また、友達の発表を聞いてもピンとこない児童の姿も見られる。そのため、このような単元では、1人1台タブレット端末を持って校庭に出る。春らしいものが見つかったら、カメラ機能を使ってパシャッ。さらに、自宅に持ち帰った端末を使って撮影すれば、日常生活の中で感じる春に注目することもできる。「わからない」「想像ができない」という教室での難しい学習が、カメラ機能1つでイメージしやすく楽しくなる。

授業の概要

国語では、季節感を表現する教材がしばしば登場する。2年生「春がいっぱい（光村図書）」もその1つである。この単元では春を感じる言葉を探して、その言葉を使って文章を作った。「春を表す言葉にはどんなものがあるでしょう」という教員の問いかけにスムーズに春の言葉を数多く並べることができる児童は多くはない。想いを巡らせる時間は楽しいが、徐々に考えをひねり出すのに苦しさを感じる児童。そのようなときには、カメラ機能の出番である。撮った写真を手元に準備して春の言葉を出し合うことで、誰もが活躍できる授業になる。数多くの春の言葉が集まれば、その中から選んで想いを巡らせ、文作りにも興味を持って取り組むことができるようになる。

授業の展開

活動内容	指導上の留意点
1　本時の課題をつかむ。 　春を表す言葉にはどんなものがあるだろう。	・単元の見通しを持つことができるように、春の言葉を見つけたり味わったりすることに必要感を持たせる。
2　春の言葉にはどんなものがあるかを書き、考えをクラスで交流する。	・春を表す言葉を想像し、それぞれが思いついたイメージを交流する。
3　カメラ機能の使い方を確認して、校庭に春を探しにいく。❶	・ペアで、対話をしながら、春らしいものを見つけて写真に残すようにさせる。
4　どんな春の言葉を見つけることができたか、クラスで意見を交流する。❷	・自分たちが見つけた春らしいものを発表し、クラスの考えを集約する。
5　春の詩を味わい、春への見方や感じ方を広げる。	・春らしい言葉に着目し、内容を味わったり語彙を増やしたりできるようにする。
6　本時の振り返りを行い、次時の学習に見通しを持つ。	・次時に春を感じるものについてカードに書き出すことを伝え、見通しが持てるようにする。

実践のポイント

▶❶タブレット端末を持って春を見つけにいこう

　低学年の学習は動機付けが大切だと考える。国語科で言語を学習するためには、イメージを膨らませたり、体験したことについて話したりすることで、学習への意欲が高まる。本単元でも、机上で季節の言葉を想像したりイメージしたりするだけでなく、実際に探したり、画像を見ながらイメージを膨らませたり体験活動や協働作業に取り組んだりすることで言語への理解がより確かになると考えられる。校庭では数多くの春が見つかる。見つけた春をタブレット端末のカメラ機能を使って撮影し、教室で交流活動を行うことで、言語学習の楽しさが倍増する。

▲ 実際に春を探しにいくことで理解が深まる

▶❷見つけた春を紹介しよう

　国語の学習で活躍することが少ない児童や自分の考えを発表することが苦手な児童でも、写真に撮って紹介する学習の展開により、意欲的に発表するようになった。それまで意欲や自信を持つことが難しかった児童も一転して気持ちが学習に向かう。自分の考えに自信を持つことが難しかった児童が、ICTの活用や体験的な活動により、より主体的になり思考や表現をするための豊富な材料になる。言語の習得であっても、体験をしたり画像を見ながらイメージを膨らませたりすることで言語理解がより深くなる。

応用アイデア こんなことにも使える！

　本実践は2年生の「春がいっぱい（光村図書）」だが、2年生以上のすべての学年で春夏秋冬に係る教材を扱っている。これらの教材でも同じような学習を構想することができる。高学年でもこのような活用は有効で、難しい教材に想像力を働かせるだけでなく、身の回りの生活からヒントをもらって学習に活かすことができる。1人1台端末を持ち帰ることで、生活の中で、思い立ったときにカメラ機能で写真を撮ることができ、それを学習に活用し、共存することで学習の幅が広がる。また、「深い学び」や「味方・考え方を働かせること」につなげることができる。

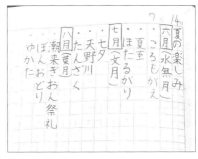

▲身の回りの生活からヒントが得られる

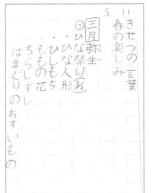

▲季節に対するイメージが広がる

創造 02 感動・発見を写真でパチリ。フォトポエムで伝えよう

石田 年保　松山市立椿小学校

学年・教科 小学3〜6年｜国語　単元・題材 フォトポエムを作ろう
準 備 物 タブレット端末｜付箋｜プレゼンテーションソフト

本時で達成したい目標（教科のねらい）

　写真と言葉を往復させながらフォトポエムを創作する中で、自分の感動が伝わるように言葉を吟味することができる。想像を膨らませ創作することを楽しもうとしたり、相互評価を通して、1人ひとりの感性や表現のよさを伝え合おうとしたりする。

本時で大事にしたいメディア創造力

　A3 Lv1 何事にも興味をもって取り組むことができる（写真を撮影する活動を通して、驚きや感動を見つけ記録していく楽しさを味わうことができる）。

　B2 Lv3 映像の目的や意図を自分なりに読み取り、言葉や文章で表すことができる（写真から自分の感動や気づきを読み取り、感じたことが相手に伝わるように言葉を吟味しながら言語化することができる）。

　D3 Lv2 他者との関わりを振り返り、相手の考え方や受けとめ方などについて、感想を持つことができる（互いの作品を評価し合う活動を通して、自分や友達の感性や表現のすばらしさを味わうことができる）。

カメラ機能をどう使ったか

　絵を描くことと違い、タブレット端末等でのカメラ撮影は、シャッターを切る（ボタンを押す）だけなので、誰でも簡単に撮影し表現できる。また、カメラを通して、日常を切り取ることにより、新しい発見ができるので、児童は楽しく表現活動に没頭することができる。児童自身が撮影した写真には、無意識に感じた感動が記録されていたり、自己が投影されていたりする。その写真を読み取ることで、児童は撮影時の感動や自分の思いを意識化することができる。

▲ 撮影する様子

▲ 6年生児童のフォトポエム

授業の概要

　タブレット端末を活用して、「小さな感動・発見をパチリと撮影しよう」というテーマで、写真撮影を行う。次に、撮影した写真を読み取る活動を行う。写真を見て気がついたことや感動を、付箋に書き出していく。書きためた言葉の中から、写真にぴったりと合う言葉を吟味しながら、詩の形に整えていく。プレゼンテーションソフトを使い、写真の中に文字を入力し、文字の色・大きさ・フォント・文字の位置などのデザインを工夫し、フォトポエムを創作する。創作後、学級等で作品の鑑賞会を行い、1人ひとりの感性や表現のよさを味わう。

授業の展開

	活動内容	指導上の留意点
1	タブレット端末を使って個々に撮影を行う。 ・課外や家庭でも撮影を行う。	・対象を様々な視点で撮影し、児童の驚きや新しい発見をすることができるように、アングルやレイアウトなどを意識させるようにする。❶
2	写真を足場がけとして詩を創作する。	・付箋に思いついた言葉を書きとめ、言葉を取捨選択させたり、並べ替えたりして、詩の形に整えさせていく。❷
3	写真と詩を組み合わせる。	・効果的に表現できるように、文字の色・フォント・大きさ・配置について意識させる。
4	作品を相互鑑賞する。	・学級内で作品の評価をし、それぞれの作品のよさを伝え合う。

実践のポイント

▶ ❶視点を変えたり、なりきったりして写真撮影

「○○小の小さな『あっはっおっ！』を、見つけよう。」というテーマで、感嘆詞が付くような小さな驚きや発見を、タブレット端末などで撮影する。近づける、見上げる、見下ろす、目線を低くする、のぞき込むなどのカメラの撮影方法を例示することで、日常をこれまでとは違う見方で切り取ることができる。また、低中学年には、「○○になって写真を撮ってみよう」など、小動物などになりきって、その視点で撮影させても面白い。児童は対象を何かに見立てたりしながら、比喩的認識力をきたえることができる。

◀ 何かに見立てた作品

▶ なりきって想像した作品

▶ ❷写真と言葉の往復の中で育てる

写真があることで撮影したときの自分の感動や思いを想起することができる。そのため、創作した詩を写真と見比べることにより、自分の感動や思いと表現した詩とのズレに気づくことができる。さらに、「自分の思いにぴったりな言葉になっているか」、「詩が写真の説明になっていないか」などと、教師が問いかけることにより、児童は写真と言葉の役割を考えたりしながら、言葉を吟味することができる。

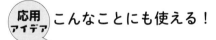

▲ 児童の作品と感想

応用アイデア　こんなことにも使える！

▶ 相互評価で育てる

フォトポエムは、「写真の撮り方のよさ」「詩の言語表現のよさ」「写真と詩の組み合わせ方のデザインのよさ」という、大きく3つの評価の観点がある。そのため、多様な観点で感性や表現を認め合うことができ、協働的な学びに必要不可欠な「学級の支持的風土」の醸成にもつながる。さらに、他校の友達の作品を評価し、どの作品が一番よいのかを伝え合う学校間での評価活動を行うことも可能である。児童は、選んだ根拠を相手に伝えなければならないので、相手意識や目的意識を持って評価活動を行い、その中で写真と言語を組み合わせた表現に対する評価観を深めていくことができる。

♥ 創造
03
カラフルな友達はどこにいる！？

津下 哲也 赤磐市立山陽北小学校（実践当時：備前市立香登小学校）

学年・教科 小学3年｜図画工作 **単元・題材** カラフルフレンド
準備物 タブレット端末

本時で達成したい目標（教科のねらい）

いろいろな色の材料や形を組み合わせながら表したいものを見つけ、形や色などの感じを捉えながら、工夫して立体に表すこと（知識・技能）。

表し方を考え、豊かに発想や構想をしながら自分の見方や感じ方を広げたりできるようにすること（思考力・判断力・表現力）。

本時で大事にしたいメディア創造力

C2 Lv1 相手に応じて、絵や写真などの言語以外の情報を加えながら伝えることができる。

D1 Lv1 相手の考え方の良さや共感できる点を相手に伝えることができる。

D3 Lv1 他者との関わり方を振り返り、感想を持つことができる。

カメラ機能をどう使ったか

この授業は、最初にいろいろな色の紙を袋につめていき、次にその袋を組み合わせることで、動物やロボットといった、いわゆるぬいぐるみのような作品を作る授業である。この組み合わせる活動を通して、形や色の組み合わせを工夫したり、発想や構想を広げたりしていく。その発展として、出来上がった作品を、校舎内外（校庭や中庭も含む）の好きな場所に持っていき、作品と一緒に写真を撮影することで、背景を含めた新たな作品を創造する。

▲ いろいろな色の紙を袋につめる　　▲ 好きな場所に持っていって撮影

授業の概要

導入では、学校の中で自分がお気に入りの場所とその理由を話し合い、場所についてのイメージを広げる。次に、作った作品をお気に入りの場所に持っていき、タブレット端末で写真を撮影する。教室に戻った後は、置いた場所とその理由など新たに創造した作品についてグループで紹介し合う。その後、全体の前で発表したい児童の作品や、グループ紹介で知った面白い作品をクラス全体で紹介し合い、発想や構想を広げる。そして、最後に振り返りをする。なお、ロイロノートやスカイメニューなどを使用している場合、提出箱を使うことでお互いの作品を見ることができる。また、Google ClassroomやMicrosoft Teamsのタイムラインや共有フォルダを使うことで、お互いの作品を共有したりコメントしたりできる。

授業の展開

	活動内容	指導上の留意点
1	お気に入りの場所と理由を話し合う。	• 作品を持っていく前にお気に入りの場所を紹介し合うことで、作品を置きたい場所のイメージを広げることができるようにする。
2	本時のめあてを持つ。 カラフルフレンドとおでかけしよう。	• お気に入りの場所に作品を持っていくことで、新しい作品を創り出すことが本時の目標であることをつかめるようにする。
3	お気に入りの場所に行き、写真を撮影して作品を作る。	• いくつか場所や置き方を変えて撮影してもよいことを伝え、発想や構想をより広げられるようにする。
4	撮影した作品をグループや全体で紹介し合う。❶❷	• 紹介した後、お互いのよいところや感想を伝え合うことができるようにする。 • 同じ場所でも構図や置き方によってイメージが変わることに気づかせたい。
5	振り返りを行う。	• 自分の振り返りと友達の作品を見た振り返りと両方の視点で振り返ることができるようにする。

実践のポイント

▶ ❶タブレット端末の画面を見せながら紹介する

　グループで紹介する際には、お互いに向き合った後、タブレット端末の画面を見せながら紹介するようにする。画面を見せながら話をすることで、自分がこだわった場所やその理由などをわかりやすく伝える力を育てることにつながる。また、聞いている児童も、どこに着目して話を聞けばよいかがわかる。

▲ 作品を見せながら紹介

▶ ❷相互評価を取り入れる

　自分の作品を伝えるだけでは、自分の思いが伝わったかどうかがわからない。そこで、1人が発表するごとに、聞いている児童は感想を発表者に伝えるようにする。その際、感想の内容をよく聞いてみると、自分の意図としたことが相手に伝わったかどうかを評価することができる。また、自分の意図としなかった新たな発見が得られることもある。このようにして、相互評価を取り入れることでメディア創造力を育てることにつながる。

▲ 作品を相互評価する

応用アイデア こんなことにも使える！

　本実践のように、カメラ機能を使って作品を創造する学習としては、たとえば立体作品を少しずつ動かしてコマ撮りアニメーションを作成するといった学習[1]などがある。一方で、図工は教科自体が創造性や想像力を高める教科である。たとえば粘土で何か作品を作ったり、ドングリやはっぱを集めて色を楽しむ作品を作ったりすることがある。紙や木工作品などは形として残るが、粘土や自然物を使った作品は長期の保存には向かない。そこで、出来上がった作品を写真で撮影することで、創造された作品をデータの形で残すことができるようになる。また、造形遊びで校庭の鉄棒やジャングルジムを場として作品を創造した後、児童が中に入って遊んでいる様子を撮影すれば、「作品」＋「人」の新しい作品が創造される。

※1　形が動く 絵が動く『図画工作5・6上』（日本文教出版）

01 授業事例

創造 04

光のポストカード

前田 康裕 熊本大学大学院教育学研究科（実践当時：熊本大学教育学部附属小学校）

| 学年・教科 | 小学3～6年｜図画工作 | 単元・題材 | 光のポストカード |

準備物 タブレット端末｜コップやビー玉等のガラス・金属製品（児童の持ち寄り）

創造
04

光のポストカード

本時で達成したい目標（教科のねらい）

ガラスや金属などに光に当てて美しい光景を作り，撮影・調整することで作品を制作する。

本時で大事にしたいメディア創造力

A3 Lv1 何事にも興味をもって取り組むことができる。

B3 Lv1 制作物には、人を感動させる魅力があることを理解できる。

D1 Lv1 相手の考え方の良さや共感できる点を相手に伝えることができる。

カメラ機能をどう使ったか

キラキラと光が輝くようにするためには、友達と協力しながら作業を進める必要がある。物と光の効果的な組み合わせを考えるためには、それぞれのメンバーのアイデアが活かされるからである。また、最も美しい映像にするためには、対象物を持ち上げて逆光を活かしたりするようなカメラアングルも重要な要素となる。試行錯誤しながら、じっくりと映像を作り出す時間を確保したい。

▲ 友達と協力する　　　　　▲ 物と光を組み合わせる　　　　　▲ カメラアングルを工夫する

授業の概要

児童が「自分が美しいと感じる光」をデジタルカメラで撮影してポストカードの作品にするというものである。児童は、ガラス細工や金属の食器、ビー玉やコップなど思い思いの物を自宅から持ち寄り、友達と協力しながら自由に撮影していく。太陽の光が差し込むようにアングルを工夫したり、コップの中に水を入れてビー玉を沈めたり、水道の蛇口を上向きにして水を噴き出させたりして、まるで遊んでいるような学習活動となる。何枚も撮影した写真の中からベストの1枚を選んでコントラストをわずかに調整する。その後、写真用紙に印刷すると、なんとも幻想的な作品が出来上がる。最後は、ポストカードにしておうちの人にプレゼントする。

授業の展開

活動内容	指導上の留意点
1　めあてを確認し、見通しを持つ。 物の組み合わせと光の当て方を工夫して、美しい映像を撮影しよう。	• ビー玉やガラス細工、金属などに光の当て方を工夫することによって美しい映像になることを示し、制作意欲を高める。

活動内容	指導上の留意点
2　友達と協力して、物の組み合わせを考えながら、撮影する。	• 光の当て方やカメラアングルなどを活かして美しい表現ができるようにする。❶
3　撮影した写真を吟味して選択し、コントラストなどを調整して作品を作る。❷	• 映像を調整することで自分の表したいイメージに近づけるようにする。
4　お互いの作品を鑑賞して意見を交換し、学習全体を振り返る。	• 作品の面白さと情報活用の方法を振り返り、次に活かせるようにする。

実践のポイント

▶ ❶事前に光の美しさを伝える

　事前指導として、教員が撮影した日常的な光の情景を見せておくと効果的である。プラスチックの傘の柄や水道の蛇口といった、どこにでもあるような日常の情景には光があふれていて、このような写真を撮影して作品にしようと呼びかける。そして、自宅にあるビー玉やスプーンといったガラスや金属でできた物を持ってくるように伝えておく。

▲ 日常的な光の情景

▶ ❷美しい映像になるよう工夫する

　光が輝くような映像にするためには、物と光の組み合わせやカメラアングルなどを工夫する必要があるが、撮影したばかりの映像では、光の美しさが十分に出ないことがある。そこで、撮影された複数の写真から選択をして、コントラストや明度を調整できるようにする。そのことで、自分のイメージに最も近いものを作品にすることができる。

▲ コントラストや明度を調整する

▶ 作品鑑賞の時間を重視する

　児童の作品を鑑賞する時間を設けて、相互に感想などを書き合えるようにする。そのことによって、児童の作品完成の満足感が得られるようにする。また、ポストカードにプリントアウトして、保護者にプレゼントすることで、自分の作品が他者を感動させることができるという喜びにつながる。

▲ 作品を鑑賞する

応用アイデア こんなことにも使える！

　　写真そのものを作品にすることによって、現実の物の見方を変えることができる。ふだん何気なく見ている物や風景が面白いもの見えてくるようになるので、そのことを活用できる。

　たとえば、「学校にある『面白いもの』を撮影してクイズにしよう」と呼びかけると、児童は様々な物を面白く撮影してくる。そして、「これは何でしょう？」「これが置いてあるのはどこでしょう？」と児童がクイズにすることで全校児童で楽しめるゲームが可能となる。また、タブレット端末を自宅に持ち帰らせている場合は、旅行先や夜の風景も撮影が可能となる。夏休みや冬休みに児童が見たものを撮影し、音声や音楽を重ねてスライドショーにすれば、そのまま映像レポートの作品になる。

▲ 学校にある「面白いもの」

▲ 旅先の風景

▲ 夜の風景

佐藤 幸江　放送大学（実践当時：横浜市立大口台小学校）

創造 05 つなげて　つなげて　楽しもう！「絵のリレー」

学年・教科 小学1〜6年（全学年で実施可能）｜図画工作　**単元・題材** 学校連画：絵のリレー
準 備 物 タブレット端末

本時で達成したい目標（教科のねらい）

　様々な人との協働作業による創造活動を行うことによって、概念化・固定化された自分のイメージを崩して新しい絵を創造するとともに、創造活動に参加する楽しさを味わう。

本時で大事にしたいメディア創造力

　| A3　Lv1 | 何事にも興味をもって取り組むことができる。
　| B1　Lv1 | 制作物を見て、複数の要素で構成されていることを理解できる。
　| B3　Lv1 | 制作物には、人を感動させる魅力があることを理解できる。

カメラ機能をどう使ったか

　気に入った友達の絵をスクリーンショットし、それをお絵描きソフトに貼り付けて部分を切り取り、そこにアイデアを加えて自分の絵を表現し、種絵（元の絵）につなげていく。

　本実践は、「授業の概要」に示した「スクールカンブリアン」のシステムを活用したものである。そのシステムがない場合には、上記のように「友達の絵」をスクリーンショットすることで、同じような活動を行うことができる。

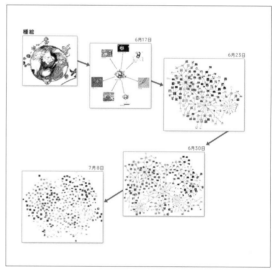

▲ 種絵からイメージをふくらませる

授業の概要

　メディアアーティストの安斎利洋さんと中村理恵子さんが開発したコラボレーションシステム「カンブリアン」をベースに、「スクールカンブリアン」として「D-project＋連画プロジェクト」が共同開発し、1999年〜2004年にかけて実践されたものを、現在の1人1台端末環境で行うとしたらと考えて提案したものである。「学校連画：絵のリレー（スクールカンブリアン）」[1]では、つなげたい絵をダウンロードし、そこに自分のアイデアを加えて絵を描き、システムに投稿すると参加者全員でその絵を共有できるというダイナミックな活動であるが、現在の学習支援システムを使っても実現可能であろうと考えている。

※1　https://www.d-project.jp/2005/renga/

授業の展開

活動内容	指導上の留意点
1　活動内容を確認する。	・「学校連画：絵のリレー」のやり方を確認する。慣れるまでは、手元にマニュアルを用意し、やりながら確認できるようにするとよい。
2　全体像の中からつなげたい絵を見つけて好きな要素を切り取り、その要素をイメージの種として自分の絵を表現する。❶	・これまで図画工作では、1人で黙々と表現する活動が多かったが、この活動では人の絵から刺激を受け、それをもらって自分の表現の種にできることをきちんと伝える。
3　全体像を俯瞰したり1枚の絵に焦点化したりして、皆の活動の面白さやよさを共有する。❷	・どの絵がどのように変化しているか、誰の絵が種をより変化させているか、様々な絵を見ながら感想を出し合うようにする。

実践のポイント

▶ ❶つなげたい絵の要素を切り取り、それをイメージの種として表現する

　次の写真は、当時の様子を記録したものである。取り込んだ種絵の部分に、自分のアイデアを描き込んでいっている。絵の要素には「形」「色」「線」など様々あるが、児童は友達の絵の「テーマ」に関心を示し、そこから自分の絵を表現するといった活動も見られた。

　これまでの図工であれば、人の表現やアイデアを真似することは、オリジナル性がないと評価されないことが多かった。しかし、本実践においては、そこが面白いところである。種絵をどのように変化させているのか、ときどき全体像を鑑賞してみるのも、より表現を活性化させていく。そこさえ押さえて実践していけば、たとえば「学校連画：絵のリレー（スクールカンブリアン）」のようなダイナミックなシステムがなくても、既存の学習支援システムを活用して実施することが可能である。

▲ 取り込んだ種絵にアイデアを描き込む

▶ ❷全体像を俯瞰したり焦点化したりして、鑑賞する

　種絵をもとに、どの絵がどのように変化しているか、誰の絵が種絵をより変化させているかという視点を持って、全体像を鑑賞させたい。次の図は、当時のものである。うさぎの「色」の面白さをつなぐ児童、「杵」の形から小槌を発想した児童、「もちつき」というテーマをつないでいる児童、様々である。それぞれの発想や表現の多様性に気づき、自分なりの表現のよさを自覚したり、皆のアイデアをつないでいくといろいろなことができるという協働のよさを感じたり、人とつながることの面白さを感じたりしていた。

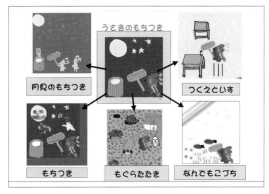

▲ 発想や表現の多様性を皆で鑑賞する

応用アイデア　こんなことにも使える！

　コラボレーションシステム「カンブリアン」を開発した安斎さんは、「その発想のもとは"連歌"にある」と話されていた。教員には、なかなかそのような発想できないし、システムを開発することも不可能である。これからの授業は、教員1人で実施するという常識を破って、専門家や企業の方々とのコラボレーションを探ってみるのもよいだろう。

創造 06　みんなでためしてつくって 「影」の面白さ

寺門 結菜（てらかど ゆな）茨城大学教育学部附属小学校

学年・教科	小学4年｜図画工作　**単元・題材**　てらしてみると

準 備 物　タブレット端末｜スクリーン・モニター｜懐中電灯｜養生テープ｜カラーセロハン｜ハンガー｜ざる｜ボウル｜お玉　など

本時で達成したい目標（教科のねらい）

　いろいろな影を映し出して気づいたことから表したい影の世界を発想し、どのように表すかについて考えたり、影の面白さについて感じ取り、見方や感じ方を広げたりする。

　製作の過程や映した影の形を写真や動画で撮影して記録し共有することで、活動や表現を振り返り、友人や自分の表現のよさを認め合うことができる。

本時で大事にしたいメディア創造力

　A3　Lv1　何事にも興味をもって取り組むことができる。

　D3　Lv1　他者との関わり方を振り返り、感想を持つことができる。

カメラ機能をどう使ったか

　グループごとに製作の過程を撮影し、タブレット端末内の学習アプリに保存していく。スクリーンを隔てて、材料を組み合わせる児童と、撮影する児童に分かれて活動する。静止画だけでなく、動画も撮影することで、影の変化や動きの表現も記録し、何度も見直すことができる。撮影した写真や動画は、アプリ内で共有したり、モニターに映して鑑賞したりすることも考えられる。

授業の概要

　薄暗くした図工室の中にスクリーンを設置し、身辺材を組み合わせていろいろな形や大きさの影を映して試しながらつくったり、みんなで見合ったりする活動である。まず、身近な人工物や自然物を例に、シルエットクイズを行う。それにより、直接見ているときと「影」として間接的に見たときの物の見え方の違いや、影の形の面白さに気づくことができるようにする。そして、グループごとに材料の組み合わせや光の当て方を工夫しながら何度も試すことによって、見通しを持って影の世界をつくることができるようにする。

授業の展開

活動内容	指導上の留意点
1　本時の課題をつかみ、見通しを持つ。 　• 影に色をつけたり、透けた感じにしたりしたいな。 　• 影をもっと大きく映すにはどうすればいいのかな。 　　友達と見合って面白い影のつくり方を見つけよう。	• 前時に行ったシルエットクイズを振り返り、気づいたことや考えたことを共有することで、見通しを持って活動に取り組めるようにする。

活動内容	指導上の留意点
2　グループに分かれ、光の効果を試しながら、自分たちの表したい影の形をつくる。❶ 　　• コップを積み重ねて、タワーのような影をつくったよ。 　　• ペットボトルの影は透けているよ。色を塗ったり、物を入れたりもできるよ。 　　• 懐中電灯を持っている人が動くと、影も動いたり、大きくなったりして面白いな。	• 材料を分別整理して置いておき、スクリーンを複数用意することで、グループごとに何度も試しながらつくることができるようにする。 • タブレット端末内の学習アプリに製作の過程の写真や気づきを記録していくことで、友人と共有したり、蓄積した知識を次の活動で活かしたりすることができるようにする。
3　本時の活動を振り返り、思いを伝え合う。❷ 　　• 光を当てる角度を変えたり、動かしたりして、影の世界のお話をつくってみたいな。	• つくった影の形や、製作の過程を写真や動画で比較鑑賞することで、いろいろな影の形をつくることの面白さや、新たな課題を共有できるようにする。

実践のポイント

▶ ❶表現したい影の形をつくる

　6〜8名で1グループになるようにし、それぞれのグループに専用のスクリーンと懐中電灯を用意しておく。スクリーンに影を映す活動では、材料の組み合わせを変えたり光源の位置を変えたりする児童と、映った影の形を見る児童とに、自然と分かれて活動するようになる。そこで、影の形を撮影して学習アプリに記録した後、グループで共有できるようにした。すると、写真や動画を見せ合いながら「前の材料の組み合わせのほうがいいよね」と、形をつくり直したり、「この影の動きをもう一度やってみて」と、動きの再現を試みたりする様子が見られるようになった。

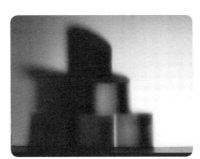

▲ 試してつくった影の形

▶ ❷写真や動画を活用して発表・鑑賞する

　グループごとに活動した後、活動の様子をモニターに映しながら発表したり、鑑賞したりする振り返りの時間を設ける。活動中は材料選びやつくることに夢中になっていた児童も、他のグループの表し方に興味を持ったり、思いをふくらませ新たな課題を生み出したりしていくようになる。影の作品は実物を残すことができないため、その場の活動の様子を見取ることが評価の中心であった。しかし、写真や動画を活用して発表や鑑賞を行うことで、児童の視点や製作の意図がより明確となり、それらを評価に活かすこともできると考えられる。

▲ スクリーンの裏側から光の当て方を調整する

応用アイデア こんなことにも使える！

　木切れに釘を打ち付けて組み合わせることで、小さな木のモンスターをつくるという題材でも、製作過程の写真や気づきを記録したり、共有したりすることが、手立てとして効果的であった。作品を様々な角度から観察し、どんな角度から見ると一番よいか考え、その角度にこだわって写真を撮影することで、立体作品の見方を深めることができる。また、それぞれのモンスターがどんな場所に棲んでいるか考え、そこに置いて写真を撮ることで、その場所や環境からモンスターの造形的な特徴についての発想をふくらませることができる。

▲ モンスターが潜んでいそうな場所はどこか考える

創造 07 教科書の内容を自分たちで再現しちゃおう！

山下 若菜　熊本市教育センター（実践当時：熊本市立楠小学校）

| 学年・教科 | 小学4年 | 外国語活動 | 単元・題材 | 「Let's Try! 2」Unit 9「This is my day. ぼく・わたしの一日」 |

準　備　物 タブレット端末（iPad）｜GarageBand｜Clips

本時で達成したい目標（教科のねらい）

　日本語と英語の音声やリズムなどの違いに気づき、日課を表す表現に慣れ親しむことができたり、短い話を聞いておおよその内容がわかったりする。

本時で大事にしたいメディア創造力

　C1　Lv2 身近な人や図書資料から得た情報を整理し、伝えるべき内容を考えることができる。

カメラ機能をどう使ったか

　教科書の内容をより理解することができるよう、劇をしながら動画撮影をしていく。登場人物とカメラマンと演出家など、自分が得意な役を選び、どのような劇にすれば表現できるのか工夫しながら動画撮影を行う。児童は教科書の言葉を言うだけでは理解することが難しくても、劇にすることで体を動かして英文を言うと楽しく英文を自分のものにすることができる。

▲ 各々が演じる役を選び撮影する

授業の概要

　教科書の単元内容を大まかにつかんだ後、音楽作成アプリであるGarageBandを使って、個人でオリジナルチャンツを作る。英語での表現に慣れ親しんだ後、3〜4人組のグループになり、単元内容を再現する動画をつくる。動画作成するときには、まず、登場人物、カメラマン、演出家など、自分が得意なことを選んで各グループで役割分担をする。自分たちで好きな場面を選び、動画作成アプリであるClipsで動画にする。各班で動画を作ったら、全体で鑑賞会をしてお互いに感想を伝え合う。

授業の展開

	活動内容	指導上の留意点
1	単元の流れを知り、ゴールを共有する。 教科書の場面を、どのように表現すればよいか考えて動画にしよう。	• 登場人物の1日の流れを表現する英文を聞きながら、自分のことと置き換えてイメージしやすいようにする。
2	NHK for School エイゴビート2「This is my day. ぼく・わたしの一日」を通して見る。	• 動画教材を見ながら、どのような話なのか、全員で確認しながら見る。
3	チャンツで英語のリズムに慣れる。❶	• GarageBandを使って、好きなリズムに合わせて英文を録音し、英語での表現に慣れる。
4	場面ごとの再現動画を作る。❷❸	• 3〜4人組のグループで、工夫をしながら教科書の場面を再現する。
5	動画発表会を行う。	• それぞれのグループの作品を鑑賞し、感想を伝え合う。

実践のポイント

▶ ❶ チャンツづくりを通してリズムで覚える

　動画づくりをする前に、音楽作成アプリであるGarage Bandを使ってチャンツづくりをする。GarageBandを使うと、簡単に好きなリズムを作ったり、声を変えたりもできるので、自分の声では恥ずかしいという児童も安心して録音できる。また、好きなリズムで録音できるので、楽しく英語の表現を身につけることができる。英語での表現に慣れ親しむことができるので、動画づくりも、よりスムーズになる。

▲ チャンツづくり

▶ ❷ それぞれの強みを活かす役割分担

　教科書を見て、自分の経験と重ね合わせながら、どのような動画にすればよいか話し合う。自分の強みが、演技なのか、撮影なのか、演出なのかを考えて、自分が一番得意とすることを選べるようにする。自分がどうしても苦手な役割はしなくていいので、安心して動画づくりを行うことができる。また、3〜4人のグループにすることで1人ひとりがアイデアを言いやすい環境ができる。

▲ 児童同士でアイデアを出し合う

▶ ❸ ALTも一緒に動画づくり

　ALT（外国語指導助手）にも積極的に関わってもらい、演者として登場してもらう。ALTから、他国の日常生活について話を聞くことで日本との文化の違いを知る機会にもなり、動画のアイデアとして取り入れることができる。また、ALTも動画づくりに関わって一緒に発言してもらうことで児童も自信を持って発音することができ、ALTと児童との信頼関係も深まる。

▲ ALTと協力して動画づくりに挑む

応用 アイデア こんなことにも使える！

　コロナ禍において、学校での調理実習が難しくなったとき、それぞれの家庭で調理実習をせざるを得ないという状況があった。その際は、学校で計画を立てて家庭で調理を行うが、その様子をただ撮影するのではなく、タイムラプス機能を用いてみた。すると、みるみる料理が出来上がっていく様子が記録されるので、まるでプロの料理人のような気分で児童も楽しむことができた。さらには、動画と頑張ったポイントや難しかったポイントなども記録すると、調理実習の素晴らしいポートフォリオになる。

　また、その経験を活かして「KOMA KOMA」というアプリ（創造10 p.123）を使い、調理コマ撮りアニメーションを作成することもできる。

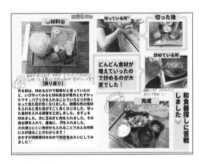

▲ 調理実習の様子

▶ コマ撮りアニメーション

創造 08 写真で魅力を表現しよう

井戸 壮太　（いど そうた）　海南市立亀川小学校

> **学年・教科** 小学4年｜総合的な学習の時間　**単元・題材** ここが美しい！わたしたちのまちの自然
> **準 備 物** タブレット端末｜Microsoft Teams

本時で達成したい目標（教科のねらい）

自分たちのまちにある美しい自然を発見し、写真で表現することができる。

本時で大事にしたいメディア創造力

　A3　Lv3　課題に対して、相手意識・目的意識を持って主体的に取り組むことができる（課題を設定し解決しようとする力）。

カメラ機能をどう使ったか

「写真を撮る」という活動では、写真という限られた枠の中で、自分が何を写したいのか、どのように撮れば伝わるのかを考える必然性が生まれる。本時においては、美しい自然に気づくしかけとして、「写真を撮る」という活動を取り入れた。自分たちのまちのどこに「美しい」があるのかを探し、どのように撮ればその美しさが伝わるのかを考えるような活動にしたいと考えた。児童は、足元に咲く花や遠くに広がる山や田んぼの景色など、様々な地域の魅力を見つけて写真を撮る様子が見られた。

▲ 身の回りの風景の魅力を見つける

授業の概要

自分たちのまちの魅力ある自然を写真で撮り、フォトコンテストを行った。児童は住み慣れたまちの中から、地域の美しい風景やこのまちにしかない自然をどんどん見つけて写真に撮った。フォトコンテストでは、お互いに撮った写真を鑑賞した。同じ場所で撮られた写真でも、友達の撮った写真からは自分の写真とは違う魅力が伝わってくる面白さを気づく場面が見られた。フォトコンテストを通して、写真の撮り方で伝わることが違うことや、それぞれのよさがあることを学習することができた。このような活動から、ともに地域の魅力を再確認したり、発見したりした。

授業の展開

活動内容	指導上の留意点
1　本時の課題をつかむ。	• 自然の美しいものや風景を見つけたいと思う動機づけをする。
2　撮影で気をつけたいことを確認する。	• 写真に撮ってよいものとよくないものは確かめる（人の顔、車のナンバーなど）。
3　写真を撮る。	• 低いところや高いところから撮ろうとするなど、工夫する姿を価値づけする。❶
4　Microsoft Teams でフォトコンテストを行う。❷	• 見てほしいところ、工夫した撮り方を伝え合うようにする。

実践のポイント

▶ ❶写真の撮り方の幅を広げよう！

　前時には、「ありの写真展」という活動を行った。低い視点から写真を撮るという工夫を用いて、まるで小さなありの世界に入り込んだような写真を撮る。1人1台タブレット端末が配布されて間もない時期だったため、撮り方を工夫することの楽しさを体験してほしいと考えた。「ありの目線になると〜」と楽しみながらたっぷり写真を撮る活動を行った。児童は、身の回りの物も、写真を撮る角度を変えると違うように見えることを楽しんだ。活動の中で、アリになりきってストーリーを思い描いて写真を撮ったり、「鳥目線だとどうなるだろう」などと考えたり、写真を撮ることの面白さを体感した。この活動を先に行うことで、表現の幅を広げることにつながった。

▲ 低い視点から写真を撮る

▶ ❷フォトコンテストをしよう！

　本時では、フォトコンテストという形でお互いの写真を評価し合う活動を行った。その目的の1つは、自分が見つけた地域の魅力を伝えたいという相手意識を持つためである。もう1つの目的は、友達同士の写真を見合うことで、写真の撮り方1つで伝わるものが変わることを知るためである。児童は、「この写真なんかいいな」などとつぶやきながら、お互いに写真を鑑賞することを楽しんだ。「どうしていいと思ったの？」と聞いてみると、「撮り方が〜」「山と田んぼと空のバランスが〜」と着目している視点に気づく場面も見られた。フォトコンテストを通して、友達の伝えようとした思いを理解し合うことができた。

応用アイデア こんなことにも使える！

　図工で作品を写真に撮る活動でも、より表現の幅を広げることができる。たとえば、身の回りの物に目玉をつけて生き物のように見立てる活動では、周りのシチュエーションと組み合わせたり、見る角度も工夫したりすることで、より作品の面白さを伝えることができる。このような作品づくりで写真を撮る活動を行うことで、「ここを楽しんでもらいたい」という思いをより表現することができる。

▲ ドアの取っ手に目玉を付けてみる

創造 09 AIとくらす、未来の町を作り出そう！

小川 裕也（お がわ ゆう や）　柏市立柏第三小学校

学年・教科 小学5年｜図画工作・国語　**単元・題材** あったらいい町、どんな町
準 備 物 タブレット端末｜画用紙｜筆記用具｜動画編集｜Googleサイト

本時で達成したい目標（教科のねらい）

想像をふくらませて町の様子を考え、表現する。

本時で大事にしたいメディア創造力

A3　Lv3　課題に対して、相手意識・目的意識を持って主体的に取り組むことができる（表現の内容と手段を吟味する力：根拠を持って映像と言語を関連付けて表現できる）。

カメラ機能をどう使ったか

描いた絵を写真に撮り、ストップモーションの技法を使うことで、未来の町の様子をアニメーションで表現することができる。1枚の背景に動きに合わせた数種類の車の絵を描き、AIによって「空を飛ぶ自動運転の車」を表現している。

▲ 絵を写真に撮ってアニメーションで表現

授業の概要

本実践は、図画工作科と国語科において教科横断的につながりのある学習活動を行う授業である。国語科「AIとのくらし」では、リード文で紹介されるAIについて知り、AIとの未来のくらしを考え、ミニディベートを行う。AIが活躍する未来の町についてイメージを持つことができる。そして、図画工作科で自分が描いた未来の町の絵を写真に撮って、その写真をつなぎ合わせてストップモーションアニメーションの技法を作成し、AIとともにくらす未来の町をアニメーションで表現していく授業である。

授業の展開

活動内容	指導上の留意点
1　本時の課題をつかむ。	• AIとくらす未来の町のイメージを以前の学習から想起させる。❶
AIとくらす未来の町を描いて、アニメーションを作ろう。	
2　絵を描く。	• 動きを表現したいものは数種類描き分けておくことを指示する。❷
3　描いた絵をタブレット端末で写真に撮る。	• 1カットで数枚の写真を撮っておくとアニメーションがなめらかに表現できることを説明する。❷

	活動内容	指導上の留意点
4	ストップモーションアプリを使用して、撮影した写真を取り込んでアニメーションを作成する。	• 写真の枚数や1枚の写真の表示時間で動画にしたときのアニメーションが変化することを知らせる。
5	本時の振り返りを行う。	• 友達と作品を見合ったり、自分の作品を見たりして、本時の振り返りをさせる。❸

実践のポイント

▶ ❶図画工作科と国語科の教科横断的な学習のつながり

日頃絵を描くこと苦手にしている児童もいる。何を描いたらわからないなどの理由から描き始められないが、本実践のように国語科での学習があったおかげで、初めから描きたいもののイメージができていた。そのおかげで図画工作科で描いていく未来の町についてイメージを持てない児童も進んで自分の想像する未来の町を描くことができた。

▶ ❷描いた絵が動き出すストップモーション技法

ストップモーション技法を用いたアニメーションでは、描いた絵が実際に動いている様子を表現することができる。描いた絵の写真を数枚並べるだけで絵が動き出す。さらに、写真の枚数や表示時間を工夫して、アニメーション表現が多様になっていく。アニメーションに動きを出すために、中心となる絵を数種類に描き分けることで動きをわかりやすくすることができる[※1]。

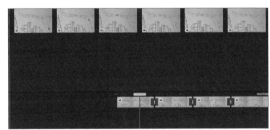
▲ 写真を並べて実際に動いている様子を表現

▲ 中心となる絵は数種類に描き分ける

▶ ❸作成したアニメーションは ホームページにアップロード

作成したアニメーションを限定公開可能な Web ページにアップロードすることで、学級の中でお互いに鑑賞しやすい環境を整えることもできる。1人1台端末があれば、児童1人ひとりに合わせた進度で作品鑑賞を行うことができる。

▲ 作品はホームページで限定公開

応用アイデア こんなことにも使える！

本実践で用いているストップモーションの技法を用いれば、時間の変化を表現することができる。町を描いていく過程を写真で撮影するだけで、新しい建物が作られていく時間の流れのアニメーションを創造することができる。だんだんと町が大きくなっていく4次元的な表現は、ストップモーション技法等動画表現の大きな特徴である。

※1　本実践では、動画編集アプリとして KineMaster（https://www.kinemaster.com）を利用。

創造 10

粘土の生き物に命を吹き込もう

西尾 環（にしお たまき）　熊本市立本荘小学校（実践当時：熊本市立五福小学校）

学年・教科 小学5年｜図画工作　**単元・題材** クレイアニメーションにチャレンジ（図画工作）
準 備 物 PCまたはタブレット端末｜デジタルカメラ（またはタブレット端末のカメラ）｜三脚またはスタンド｜カラーボード｜油粘土｜プレゼンテーションアプリ

創造
10

粘土の生き物に命を吹き込もう

本時で達成したい目標（教科のねらい）

　カメラを使って少しずつ形や位置などを変えて撮影し、粘土の立体が動いて見えるような、楽しいアニメーションを作ることができる。

本時で大事にしたいメディア創造力

　A3　Lv3 課題に対して、相手意識・目的意識を持って主体的に取り組むことができる（課題を設定解決しようとする力：好奇心・探究心・意欲を持って取り組める）。
　C2　Lv3 相手や目的に応じて、図表や写真などの表現手段を意図的に選択することができる（表現の内容と手段を吟味する力：目的に応じて表現手段の選択・組み合わせができる）。

カメラ機能をどう使ったか

　粘土で制作した登場人物を、ストーリーに合わせて少しずつ動かしながら写真撮影する。その画像を連続して組み合わせ、コマ送りにしアニメーションにする。その際、アプリ（iMovieなど）を使って自分の作りたい映像に合わせてスピードなどを調整する。

授業の概要

　1時目に、単色の油粘土を使って、立体的な生き物を作って楽しんだ。また、クレイアニメーションの参考作品を見て仕組みを知り、題材への意欲を持った。2・3時目には、単色の油粘土で、形や位置を変化させて動いて見える生き物や簡単なストーリーを考えた。そして実際に粘土で生き物や周りのものを作って動かしながら、アニメーションの見通しを立てた。そして本時（4・5時目）では、自分で作った油粘土の生き物の形や位置を少しずつ変化させながら、カメラで撮影していく。何場面か撮影したら、連続再生し、意図通りの表現かどうか確かめながら、必要に応じて、不要な場面を消したり、撮影をやり直したりする。最後の6時目にカメラで撮影し、アプリなどで画像を整理して並べ、アニメーションとして完成させ、互いに見合って楽しむ。

授業の展開

活動内容	指導上の留意点
1　本時の課題をつかむ。❶ 　自分の作った生き物の粘土を動かしながら、アニメになるように撮影しよう。	• 背景がシンプルな撮影場所を数か所決めて、友達と協力しながら撮影をするよう伝える。
2　ストーリーに沿って粘土を動かしながらカメラで撮影する。❷	• カメラ（タブレット）の向きなどが動かないよう固定するようにする。
3　途中で確認をして不要な場面を消去、撮影のやり直しや続きの撮影を行う。❸	• 光の加減はよいか、手などが映り込んでいないか、気をつけて見るようにする。
4　本時の学習を振り返り、次時の計画を立てる。	• 楽しく主体的にできたか、見てわかりやすいかなどを自己評価する。

実践のポイント

▶ ❶可塑性のある粘土素材の活用とストーリー作り

　アニメーション作りのためには、画面の中の素材の形が変わることが必要である。しかも立体となると柔らかい粘土がよい。いきなりストーリーを考えるよりも、まずは好きな生き物や作りたい生き物を作って動かして楽しむことから始めたい。そしてストーリーを4コマ程度で考える。ただし、紙粘土は時間がたつと固まってしまうので、今回は油粘土を使用した。油粘土は日がたっても同じように形を変えられるという長所がある反面、手がベタつきやすいのでぬれ雑巾の準備や友人との協力体制をとることがポイント。また、単色なので、背景やテーブルの上の色などを工夫する必要も出てくる。

▲ まずは自由に形を作ってみる

▲ その後、ストーリーを考える

▶ ❷カメラ（タブレット）の固定と撮影場所の検討が必要

　周囲が動いてしまうとアニメーションらしくなくなる（もちろん周囲だけを変化させるという手法もある）ので、カメラスタンドなどを使って固定しておくことが大事。また、光の加減や向き、背景の設定などを考えて、撮影場所をどこにするか事前にみんなで考え、数か所を設定しておくとよい。数人でその場所を交代で使うことで、協力したり互いにアドバイスしたりすることもできる。また、何枚撮ると何秒（分）ぐらいの動画になるのか、ある程度目安を示し、撮影枚数も制限したほうがよい場合もある。

▲ 実際に撮影している様子

▶ ❸アプリ活用でより質の高いアニメーションの制作へ

　この授業の実践時は、まだ教室にタブレット端末がなかったため、デジタルカメラで撮影し、それをスライドショーで流すという手法をとった。その際、コマ送りの秒数を最短にすることで、スムーズなアニメーションに近づけることができた。他にもPCに取り込んで様々な編集ソフトを使うことで、アニメーション制作ができる。現在は児童の手元に1人1台タブレット端末があるので、撮影も編集も1人で容易に行える。タブレット端末で活用できるアニメーションアプリの活用によって、より簡単に、より楽しく、より豊かに表現できるだろう。

▲ コマ送りを活用しアニメーションを作る

応用アイデア　こんなことにも使える！

▶ みんなの作品をつなげて

　個々で作ったアニメーションは、撮影に時間をかけても映像としては数秒〜数十秒で終わってしまう。そこで、テーマが同じであれば（たとえば動物）、iMovieなどの動画編集アプリで全員の作品をつなげてBGMを付けるとクラス全員（グループでもよい）の少し長めの共同アニメーション作品が出来上がる。

▶ かんたんコマ撮りアニメーション

　「面白い動き」という視点に絞って作品作りをするのであれば、身近にあるものを活用してアニメーションを作ってもよい。その場合、「KOMA KOMA」※1というアプリが適している。タブレットで容易に撮影ができる。あるものを移動したり向きを変えたり、数を変化させたりしながら撮影するだけで、命を吹き込まれたかのように生まれ変わる。低学年などのアニメーション制作の入門時期や、家庭でのオンライン学習のときに手元に画材や粘土教材がなくても可能である。

※1　KOMA KOMA × 日文：https://www.21.nichibun-g.co.jp/komakoma/

創造
11

デジタルアニメーションで創造性を発揮‼

創造 11 デジタルアニメーションで 創造性を発揮‼

藤原 直樹（ふじわら なおき）　横浜市立洋光台第一小学校

学年・教科	小学5年｜図画工作	単元・題材	形が動く 絵が動く

準　備　物　タブレット端末（iPad）｜プレゼンテーションアプリ（Keynote）

本時で達成したい目標（教科のねらい）

　動きが連続して見えるアニメーションの仕組みを活かして、形や色などの造形的な特徴を捉えながら、表現を工夫して楽しい作品を作る。

本時で大事にしたいメディア創造力

　C2　Lv4　相手や目的に応じて、多様な表現手段を意図的に組み合わせることができる。

カメラ機能をどう使ったか

　本単元では、コマ撮りアニメーションの仕組みを使って、動きが連続して見えるように、対象物を少しずつ動かした複数枚の写真画像を用いる。また、アニメーションの構成を起承転結にすることで、ストーリー上での場面の切り替えのために、場面ごとに背景を写真撮影する必要がある。

　このように、本実践では、アニメーションとしての連続写真と起承転結の場面構成の表現としてカメラ機能を用いた。

授業の概要

　一般的なコマ撮りアニメーションでは、対象物だけを少しずつ動かした写真画像を連続で見る仕組みだが、本実践では1枚1枚の画像ではなく、プレゼンアプリのスライドをコマ撮りの1コマとした。これにより、アニメーションで動かしたい対象物が具体物にとどまらず、スライド上で描いたキャラクターや○や△などの図形を組み合わせて作成したデジタル制作物まで広がり、児童の創造性の幅を広げた。また、スライド間の切り替えに動的効果を付ける機能を用い、コマ撮りの作成枚数を大幅に削減した。

授業の展開

活動内容	指導上の留意点
1　コマ撮りアニメーションの仕組みを知る。❶ 　● 動かしたい対象物を少しだけ移動したり変化したりした画像を連続して見ると、アニメみたいに動いて見えるんだ。	● 具体物をコマ撮りした画像と、Keynote上に作成したオブジェクトに少しずつ変化を加えたスライドを複数用意しておく。
2　ストーリーづくりをする。 　起承転結の構成で、表現したいストーリーをカードに書く。 　ストーリーの舞台となる場所や情景を表す写真を撮影する。 　● 窓から見える景色を舞台にして、風船に乗って空を飛ぶストーリーを作ろう。	● これまで国語の学習で扱ってきた物語の構成を4つの挿絵で提示し、物語が起承転結の構成になっていることを児童がつかむようにする。
3　Keynoteのスライドを用いて、コマ撮りアニメーションを制作する。❷ 　● スライドを複製して、風船だけを少しずつ動かしたり、背景を変えたりしてみよう。	● 変化を小さくしたスライドを大量作成せず、Keynoteのマジックムーブ機能を使い、2枚のスライドだけでその間の変化を滑らかに表現できることを効果的に用いる。

活動内容	指導上の留意点
4　複数枚のスライドを動画に書き出す。❸ 　次のスライドへ進む秒数を決めて、動画に書き出すことで、アニメーション動画を完成させる。 　• 思った通りの動きになっていないところのスライドをもう一度作り直そう。	• 実際にアニメーション動画に書き出すことで、動き方や変化の仕方などが思い通りにいっているかを確認し、スライドを手直ししたり追加したりするなど試行錯誤を行うようにする。
5　お互いの作品を鑑賞し、学習を振り返る。	

実践のポイント

▶ ❶プレゼンアプリでアニメーション

　スライドを用いてコマ撮りアニメーションを制作する。コマとなるスライドを複製し、複製されたスライドに変化を加えることを繰り返す手順でコマ撮りアニメーションを制作する。スライドを用いることで、コマ撮りアニメーションの仕組みであるコマの作成と閲覧確認が容易にできる。また、コマの順序を入れ替えたり、まとめて複数枚のコマを表現したいストーリーに合わせて移動させたりすることも容易に行える。

▶ ❷スライド間の変化を効率的に作成

　多くのプレゼンアプリでは、スライド内のオブジェクトに動きを付けたり、スライド間の切り替えに動的効果を付けたりする機能がある。今回用いたKeynoteではトランジションと呼ばれ、本実践ではマジックムーブを使用した。本来、動かしたい対象物をA点からB点まで移動させたり、大きさや色を変化させたりするときに、できるだけ滑らかにするためには、大量のスライドを作成しなければならないが、マジックムーブを用いると変化前後の2枚のスライド間を滑らかに変化させることができる。

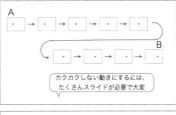

◀ コマ撮りアプリケーションの仕組み

カクカクしない動きにするには、たくさんスライドが必要で大変

はじめのスライド → 終わりのスライド

マジックムーブ

▶ ❸創造性をかき立てる多様なデジタル表現

　Keynoteでは、図形などを組み合わせて作ったキャラクターや、ペンで描画したキャラクターをアニメーション上で動かす対象物とすることが可能となる。また、紙粘土や折り紙などで作成したものをグリーンバック背景で写真撮影し、背景だけを切り取ることができる機能（インスタントアルファ）を使うことで、手作りのキャラクターをアニメーションに利用することもできる。

グリーンバックの背景を消して、キャラクターを取り込む

▲ 手作りキャラクターの利用

応用アイデア こんなことにも使える！

　本実践のようにアニメーションにしたものは、そのまま動画として発信するだけでなく、レポートやポスター、リーフレットの一部分に埋め込んで発信することも可能である。今までの教育現場での情報発信媒体といえば、制作したものを最終的には紙媒体に印刷することが多かったが、これからは作成したものを端末上で見せたり、SNSなどWeb上に発信したり、情報をQRに埋め込んで発信したりと、発信手段の幅も広げられる。

創造 12　ものづくりで学校改善 PR動画を作ろう

岡本 光司　金沢大学附属小学校
<small>おかもと　こうじ</small>

学年・教科 小学5年｜総合的な学習の時間　**単元・題材** より良い学校にするために、僕たちにできること
準　備　物 タブレット端末（iPad）｜Clips｜木材等製作物に必要な材料｜計画ワークシート

本時で達成したい目標（教科のねらい）

　自分たちの学校生活をより安全に、快適に過ごすことができるように作った設備について、全校の児童にそのよさを広く発信するための動画を制作することができる。

本時で大事にしたいメディア創造力

　C2　Lv4 相手や目的に応じて、多様な表現手段を意図的に組み合わせることができる。

カメラ機能をどう使ったか

　学校改善のために製作したものを実際に使用しているシーンを動画で撮影する。そのよさが伝わるよう、改善前の課題を感じるシーンも再現して撮影し、製作前後の変化をわかりやすく表現する。その際、自分が製作したものを自分で使う場面を撮影するには、撮影者に「この角度からこの範囲を撮ってほしい」というコミュニケーションが必要になる。その「撮り合う」という活動の中で、アップとルーズ、アングルの工夫が自然と生まれるようにした。

◀ 製作したものを使うシーン

▶ 撮影のアングルも考える

授業の概要

　この授業の実践時は、一斉休校から学校が再開し、新しい生活様式の中で制限された学校生活であった。その中で児童はそれぞれに、学校をより「安心・安全・快適」にするために、現状の環境の課題点を見つけ、それを「ものづくり」で改善するため、廊下のカーブミラーや、学習机の教科書スタンドなどを製作した。そのよさを全校に発信するため、学校放送で紹介するためのPR動画を制作した。制作する過程で、改善されたことを伝えるためには、「before / afterでの比較が効果的であること」「実際に使う他クラスの児童の目線から撮影すると使い方がわかりやすいこと」など、どうすれば伝わりやすい動画を編集できるかを試行錯誤していた。動画制作には、iPadに付属するClipsというアプリを用いた。

授業の展開

活動内容	指導上の留意点
1　本時の課題をつかむ。 　製作したもののよさをPRするには	• 自分たちが作った製作物を使ってもらうために、多くの人に知らせたいという意欲と必要感を高める。
2　動画のコマ割りの計画を立てる。❶	• 改善されたことを効果的に伝えるためにbefore /afterで比較する。
3　動画を撮影する。	• 計画に合わせて、アップとルーズを使い分けて撮影を行う。
4　撮影者と出演者で動画を確認して修正する。❷	• 被写体の児童が計画し、撮影者に指示しながら「アングルを変えてほしい」「もっとアップで」などの修正を積極的に行う。

活動内容	指導上の留意点
5　学習の振り返りを行う。 　• テロップや効果音など、他にも工夫できることがありそうだね。	• 他の児童の動画を見て、Clipsの効果的な活用について共有し、次時につなげる。

実践のポイント

▶ ❶よさを伝えるための動画編集のコツ

今回の動画は、自分たちの製作したものがどのように学校生活を改善したかを表現することが目的である。児童は最初、自分たちが作ったものを詳しく説明するような計画を立てたが、ある児童の「改善前の姿と比べたほうが『こんなに便利になった』と伝わりやすい」という意見から、「作り手の伝えたいこ

▲ 改善前のシーン　　　　　　▲ 完成のシーン

と」よりも、「使い手が知って得すること」という、相手意識を持って動画のコマ割りを計画していった。

▶ ❷テロップやアニメーションの使い方

今回の実践で活用したiPadのClipsという動画編集アプリでは、撮影した動画に後から録音でナレーションやテロップを簡単に追加することができる。一方で、それ以上の複雑なアニメーションや編集はできない。複雑な作業ができる編集アプリやソフトを活用すると、児童が動画の目的とは逸脱した編集に時間を使ってしまう場合がある。作業そのものはシンプルにすることで、どのタイミングで、どんな大きさや色で文字を挿入したら、相手に伝わりやすいかを意識した編集・修正にたっぷりと時間をかけることができた。

▲ 相手に伝わるかを考えて工夫したシーン

応用アイデア　こんなことにも使える！

5年生3学期での本実践では、動画編集を行ったが、児童のICT機器の活用レベルの実態に合わせて、本学級ではこの実践の前に同じ内容で静止写真＋文章によるレポートを制作した。動画編集では、音声や動作、時間の尺など、コントロールしなければならない項目が多く、動画作成で児童が手一杯になってしまうことがある。一方で、静止画と文字であれば、今回のようなbefore /afterを2枚の写真＋文章で表現することができ、中学年までの発達段階でも積極的に取り組める。静止画の撮影でレポートを作り、それをもとに動画編集をするというステップを踏むことで、児童のICT活用スキルも段階的に向上させることができる。

▲ 静止画と文字を活用してシンプルに表現

創造
13

芥川龍之介になろう

稲田 健実　福島県立平支援学校

学年・教科 高等部2年｜国語　単元・題材 『羅生門』芥川龍之介
準備物 タブレット端末（iPad）｜Clips｜Apple Pencil｜Apple TV｜大型モニター

本時で達成したい目標（教科のねらい）

登場人物の置かれている状況や心情を、想像力を働かせながら理解するとともに、物語には記されていない「下人」の行く末について、根拠をもって表現することができる。

本時で大事にしたいメディア創造力

C1　Lv5 様々な情報を結びつけ、多面的に分析し、情報発信の内容と方法を企画・発想できる。

C3　Lv5 映像と言語の特性を考慮して、明確な根拠に基づき効果的に関連付け、作品を制作できる。

カメラ機能をどう使ったか

効果的な撮り方、たとえば、アップやルーズ、ハイアングルやローアングル、逆光や順光などを学んでから、動画の材料になりそうなものを撮る。

授業の概要

『羅生門』の学習のまとめの時間。生徒自身が『羅生門』の作者である芥川龍之介となって、小説にはあえて書き記していない部分である主人公の「下人」の行く末を表現する。自分で描いたイラストや資料、自分の音声などを駆使して動画作成アプリ（Clips）でまとめる。

授業の展開

活動内容	指導上の留意点
1　前時の振り返りと本時の内容の理解。	• ポイントを絞って提示する。
2　資料集めを行う。❶	• メディアセンターやネットなど、多様な視点からの資料を集める。
3　制作（編集）を行う。❷	• Clipsを用いて、動画を作成する。
4　発表を行う。	• 大型モニターに接続して、鑑賞する。 • 工夫したところなどを発表する。
5　本時の振り返りを行う。	• 次回は友達や他の教員の提案を取捨選択しながら、動画のアップデートをすることを伝える。

実践のポイント

▶ ❶資料集め

自分の教室内に限らず、学校内の資源を有効に使って資料集めをできるようにした。メディアセンターに行ったり、校内に貼ってあったポスターを見つけたりしていた。

▲ 資料を集める

▶ ❷制作する

　このクラスは生徒1人のクラスなので、この授業時間中に他の人からの感想や提案を聞くことは難しかった（後から思えば、オンラインであればできた可能性はあったと思う）。そこで、授業時間後に他学年の生徒に作品を見てもらったり、他の教員に見てもらったりして、感想や提案を聞くようにした。

▲ 他の人に見てもらう

応用アイデア こんなことにも使える！

　詩や俳句、短歌などを映像化する学習も行った。映像化は内容を理解していないとできない。映像を作る楽しみもありつつ、実は内容を深く理解する（理解し直す）ということにもつながっている。

　見せ方にも工夫を凝らしていた。たとえば、見せる対象を「中学部の生徒」としたところ、映像の中にクイズ形式の問題を入れたり、映像の終わりのほうに、自分で作った「まとめの詩や俳句」などを付け加えたりするなど、自分自身で工夫して映像を作っていた。

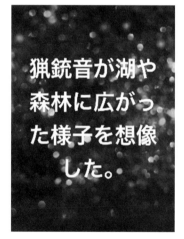

猟銃の冬の湾内に撃った1発の猟銃音が森林に響いた様子

また、夏の暑い日のモヤモヤ感を一発の音で吹き飛ばされたかんじがした。

猟銃音が湖や森林に広がった様子を想像した。

いま昔、
変わらぬ姿
つながる心

▲ 詩や短歌を映像化

創造 14 モノに命を与えよう

稲田 健実（<ruby>稲田<rt>いなだ</rt></ruby> <ruby>健実<rt>たけみ</rt></ruby>）　福島県立平支援学校

学年・教科	高等部2年｜美術　**単元・題材** モノに命を与えよう
準　備　物	タブレット端末（iPad）｜タブレットアームスタンド｜Clips｜Apple Pencil｜Apple TV｜大型モニター

本時で達成したい目標（教科のねらい）

　対象を見つめ感じ取る力や想像力を高め、豊かに発想し構想する能力や形や色彩などによる表現の技能を身につけ、意図に応じて創意工夫し美しく表現する能力を育てる。

本時で大事にしたいメディア創造力

　C1　Lv1 自分の経験や身近な人から情報を得て、伝えるべき内容を考えることができる。

　D1　Lv2 それぞれの考えの相違点や共通点を認め合いながら、相談することができる。

カメラ機能をどう使ったか

　効果的な写真の撮り方、たとえば、アップやルーズ、ハイアングルやローアングル、逆光や順光などを学んでから、実際に校舎内外に行き、自由に写真を撮る。

授業の概要

　まず生徒が思い思いに写真を撮る。その画像にApple Pencilなどで加筆して、モノが生きているように、さらに命を授かったかのような作品を創作しようという取り組み。絵を描くことに苦手さを感じている生徒にとっては、写真とタブレット端末を使うことでハードルが低くなり、取り組みやすくなるとともにCreativityを発揮しやすくなる。

授業の展開

活動内容	指導上の留意点
1　本時の内容を理解する。	• 例として、いくつかの作品を紹介する。
2　写真の撮り方を知る。	• プレゼンテーションアプリなどを用い、実際に撮った画像も交え具体的に示す。さらに、その場で実際に撮影会をして効果的な撮り方を体験する。
3　写真の撮影に行く。❶	• 生徒の自由な発想を尊重する。 • 写真を撮る際にiPadの固定が難しいときはタブレットアームスタンドを使ったり、教員が支援したりする。
4　撮った画像に加筆する。❷	• マークアップ機能を利用して加筆する。
5　作品鑑賞を行う。❸ • 自分の作品を発表しよう。 • 友達の作品について感想を発表しよう。	• 生徒の自由な発想を尊重する。 • 前もって自分の作品では「工夫したところ」、友達の作品では「よいところ」を観点に発表することを伝える。 • 大型モニターに接続した作品を見ながら相互に発表し合う。
6　本時の振り返りを行う。 • 次回、自分の作品に友達のよさを採り入れて制作してみよう。	• それぞれの工夫やよさを確認する。

実践のポイント

▶❶写真の撮影に行く

写真の効果的な撮り方を踏まえて、校舎内外に実際に赴いて写真を撮る。教員と生徒、生徒と生徒が対話（提案）しながら撮影するようにする。生徒によっては撮影する際にiPadを固定することが難しいときは、タブレットアームスタンドを使ったり、教員が支援したりする。

▲ 写真撮影の様子

▶❷撮った画像に加筆して、命を与えよう

美術室に戻り、iPadのマークアップ機能とApple Pencilを使って、自分の撮った画像に加筆し、あたかもモノが生きているような作品を作る。周りの教員や友達と対話（提案）しながら進めていく。その際、「友達の作品でよいと思ったところは自分の作品にも採り入れてみよう」と話しておく。

▲ 撮った写真に加筆

▶❸作品鑑賞

自分の作品の発表のときは映えたところや工夫したところ、友達の作品について発表するときはよいところや自分も真似しようと思ったところなどのポイントを前もって話しておき、発表しやすいようにする。

応用アイデア こんなことにも使える！

今回は静止画だったが、動く作品でもよい。その場合は、ストップモーションアニメーションも面白い。たとえば、「KOMA KOMA」というアプリ（創造10 p.123）を用いると、動きも表現でき、Creativityあふれた作品ができる。また、静止画であっても、ARアプリを用いて、iPadの画面上で画像が歩き出すなどの作品づくりも面白い。

▲ ストップモーションアニメーション作品

▲ ARアプリで作った作品

02 解説編
03 研修編
04 D-project紹介

1人1台端末とメディア表現で拓く学びの未来

中川 一史（なかがわ ひとし） D-project会長／放送大学 教授

個別最適な学びと協働的な学びをつなぐもの

中央教育審議会初等中等教育分科会が2021年に公開した、「令和の日本型学校教育」の構築を目指して〜全ての子供たちの可能性を引き出す，個別最適な学びと，協働的な学びの実現〜（答申）[1] によると、

> 「個別最適な学び」と「協働的な学び」を一体的に充実していくことで、主体的・対話的で深い学びの実現に向けた授業改善につなげることができる

としている。そしてこれらを一体的に充実させるためには、授業デザインが重要であるのは当然だが、児童生徒に言語能力や情報活用能力などの学習の基盤となる資質能力が身についていること、そして、それらが活性化するようなツールの活用が大きく影響する。ツールの中でも、国のGIGAスクール構想などにより、児童生徒に端末等の教育用コンピューターがいつも1人1台手元にあって、日常的に使えるようになったことが大きい（図1）。

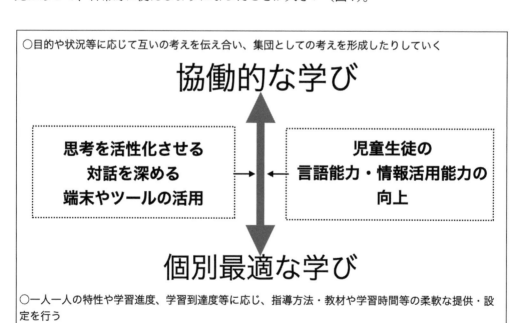

○目的や状況等に応じて互いの考えを伝え合い、集団としての考えを形成したりしていく

協働的な学び

思考を活性化させる
対話を深める
端末やツールの活用

児童生徒の
言語能力・情報活用能力の
向上

個別最適な学び

○一人一人の特性や学習進度、学習到達度等に応じ、指導方法・教材や学習時間等の柔軟な提供・設定を行う
○その子なりの課題の設定、情報の収集、整理・分析、まとめ・表現を行う等自ら学習を調整する

図1 一体的な学びの充実

●メディア創造力とカメラ機能

「個別最適な学び」は、

> 教師が支援の必要な子供により重点的な指導を行うことなどで効果的な指導を実現すること
> や、子供一人一人の特性や学習進度、学習到達度等に応じ、指導方法・教材や学習時間等の
> 柔軟な提供・設定を行うこと

などの「指導の個別化」と、

> 教師が子供一人一人に応じた学習活動や学習課題に取り組む機会を提供することで、<u>子供自
> 身が学習が最適となるよう調整</u>（※下線筆者）

する「学習の個性化」で整理されているが、特に「学習の個性化」が「協働的な学び」とどう絡むのか、これからの学びを検討する上で特に重要である。

　これらの言葉や整理は、先に示したように、2021年に公開されたものであるが、D-project[2]は発足当時の2002年段階からこの姿を目指し、たくさんの実践やプロジェクトを実施してきている。つまり、D-projectにとっては古くて新しい考え方だ。そして、「個別最適な学び」と「協働的な学び」をつなげる大事な役割を果たすのが、言語能力や情報活用能力とともに、メディア創造力であり、ツールとしての端末である。D-projectでは、メディア表現学習を通して、「自分なりの発想や創造性、柔軟な思考を働かせながら自己を見つめ、切り拓いていく力」をメディア創造力として実践を追究している。

　端末の中でも、何かアプリやソフトウェアを購入しなくても、協働ツールや学習支援ソフトがなくても使えるものが**カメラ機能**である。しかも、操作についても、小学校入学前の子であっても、すぐにできるようになるだろう。ただし、「活用できるようになる」かといえば、それはまた別問題だ。

メディア創造力を育む12の着目要素

　先のメディア創造力では、着目要素として、12に整理している（図2）。

　特に、**撮って活用する**活動では、「③本物に迫る眼を養う」「④自分なりの視点を持たせる」「⑤差異やズレを比較し、実感させる」「⑥映像と言語の往復を促す」「⑩デジタルとアナログの双方の利点を活かす」「⑫自らの学びを振り返らせる」などを視野に入れた実践が展開されることになるだろう。

> ① リアルで必然性のある課題を設定する
> ② 好奇心や探求心、発想力、企画力を刺激する
> ③ **本物に迫る眼を養う**
> ④ **自分なりの視点を持たせる**
> ⑤ **差異やズレを比較し、実感させる**
> ⑥ **映像と言語の往復を促す**
> ⑦ 社会とのつながりに活かす
> ⑧ 建設的妥協点（＝答えが1つではない）に迫る
> ⑨ 失敗体験をうまく盛り込む
> ⑩ **デジタルとアナログの双方の利点を活かす**
> ⑪ 基礎・基本への必要性に迫る
> ⑫ **自らの学びを振り返らせる**

図2　メディア創造力を育む12の着目要素

カメラ機能を学習活動で活用する

●カメラ機能活用の4つの目的

カメラ機能を学習活動として活用する場合、大きく分けて4つの目的がある。

❶確認

「発音の様子を録音・録画して後で確認する」「鉄棒のまわり方を友達に撮ってもらい、改善点を確認する」などだ。あくまでも自分の**確認**のために使い、次の作業や活動に活かす。

❷紹介

動画作成というと、これをイメージする人が多いのではないだろうか。「高学年の児童がクラブ活動の様子をこれから参加する4年生に紹介する」「他の地域の児童生徒に自分の地域のウリを紹介する」「家族紹介を英文で書き、その英文をもとにして家族紹介動画を制作する」など他者への**紹介**である。

❸説明

自分の主張の補完資料として、動画や静止画を制作し、それを提示（**説明**）する。「複雑な多角形の面積を、それまで学習した面積の求め方を活用して考える。どのように考えたかがわかるように動画にまとめる」「実験の様子を撮影し、白い煙が出ていること（証拠）を示す」などである。

❹創造

いわゆる作品づくり（**創造**）である。「パラパラアニメーションを作る」「アリの世界を動画にする」「おもしろCMを制作する」などである。最終的には、紹介したり、説明したりすることもあるが、創造のプロセス自体に重きをおく場合である。

●確認、紹介、説明、創造の特徴

この4つには特徴がある（図3）。

確認は自分に向けて行うものだし、**紹介**や**説明**は他者に向けて行うものである。そして**創造**は、自分に向けて行っているが、結果として他者にも向けるものとなる。

また、伝える場合でも、**確認**と**説明**は「わかりやすく伝える」ことが重要であるが、**創造**は、より「印象的である」ことを大事にする。また、**紹介**についてはケースバイケースである。

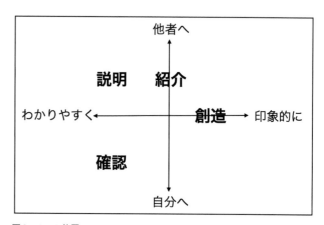

図3　4つの位置

● 1人1台端末とメディア表現で拓く学びの未来 ●

●メディア表現プロセスを意識する

　撮って活用するケースに限ったことではないが、D-projectはメディア表現活動において、図4のようなプロセスを意識することが重要であると考えている。相手意識や目的意識が十分でない中で活動に取り組んでも、児童生徒は必然性を感じられず、「ただ作っただけ」「撮っただけ」で終わってしまうことになる。何のために、誰に向かって作るのか、撮るのかが児童生徒の腑に落ちていなければ、そこに学びは生まれない。「見る」プロセスでは、様々な撮ったもの（本物）をつぶさに観察し、そこに込められた工夫や思い、撮り方を学ぶ。児童生徒は「見えているけど、見ていない」ことがよくある。また、「見せる・つくる」プロセスでは、時には失敗を経験させながら、トライ＆エラーでブラッシュアップしていく。児童生徒同士で話し合い、協力しながら、少しでもよいものになるような建設的な妥協点を探っていく。さらに、振り返るプロセスがあるが、ここで終わりではなく、一度振り返ることで、撮ったものに関する「見方」も変わってくる（図4のDからBへの点線）。

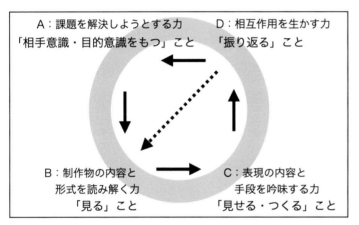

図4　メディア表現プロセス

　このようなプロセスを意識しながらのメディア表現活動を**撮って活用する**に絞って本書では紹介している。より多くの読者に目にしていただき、児童生徒の自律的で創造的な学びが深まり、広がることを心から願っている。

参考文献

[1] 中央教育審議会等初等中等教育分科会（2021）「令和の日本型学校教育」の構築を目指して〜全ての子供たちの可能性を引き出す，個別最適な学びと，協働的な学びの実現〜（答申）
https://www.mext.go.jp/content/20210126-mxt_syoto02-000012321_2-4.pdf

[2] D-project Webサイト
https://www.d-project.jp/

映像と言葉の行き来の意味は？

解説と事例

まえだ やすひろ
前田 康裕　熊本大学大学院 特任教授

映像と言葉の特性の違い

　学校教育においては従来、言葉が重要な位置を占めてきた。人間は言葉によって思考し、言葉によってコミュニケーションを行うので、これからも言語活動は重視されていくだろう。一方、インターネットや情報端末の整備によって、学校教育でも映像を取り扱うことが増えてきており、これからもその機会は増えていくだろう。

　言葉も映像もどちらも情報を伝えるための道具である。その道具を学習にどのように位置づければよいのだろう。本稿では、両者の違いを考察し、それを活用した事例を紹介したい。

●メディア創造力とカメラ機能

　映像や言葉のような読み取りが可能な情報そのもののことを**テクスト**（text）と言い、その情報が作られた背景や状況のことを**コンテクスト**（context）と言う。映像も言葉も同じ**テクスト**であるが、それぞれの特性は異なる。

　映像を作成するためには、「撮る」ことが必要になる。では、そもそも**撮る**とはどのような行為なのだろう。それは**現実を意味づける**ということである。それはまた、**空間を切り取る**ということでもあり、**時間を切り取る**ということでもある。児童生徒が情報端末を用いて**撮る**ときは、現実から何かを感じて自分なりに意味づけを行いシャッターを押すことで、その現実を情報として切り取って**テクスト**を作成しているのである。

　したがって、映像は極めて具体的なメディアとなるが、現実から切り取られた**断片**なので、その映像が撮影された状況や背景といった**コンテクスト**までは他者には理解できない。それは、他者が撮影した写真は説明することができないが、自分が撮影した写真は説明できるということを意味する。低学年の児童が、生活科などで撮影した写真を見せながら説明できるのはそのためである（図1）。

　つまり、映像は**具体的ではあるが意味がわかりにくい**という特性を持つ。それに対して言葉は**意味そのものを伝えるものであるが抽象的である**という特性を持つのである。

図1　「撮る」ことは現実を意味づけて切り取ること

●映像と言葉による意味の生成

　上述した特性を考えると、映像は具体的なモノを表せるが、概念のような抽象的なコトを表すことはできないということになる。写真家の名取洋之助（1963 [1]）は「『犬』は写真で表現できない」と述べている。ブルドッグやビーグルといった映像はそれぞれの犬種の違いという具体を表すことはできるが、「犬」全体の概念は表すことはできないというわけである（図2）。このことは映像と言葉がお互いを補完する関係にあるということでもあり、そのことで新しい意味を作り出すことができるということでもある。

　たとえば、図3の映像を見てみよう。**テクスト**である映像からはギターを弾いている少年の横で年配の男性がその様子を見ているということは読み取れるが、どのような状況で撮影されたのかといったことや被写体となっている2人の人物の関係性といった**コンテクスト**までは読み取ることはできない。したがって、同じ映像であっても、付ける言葉が変われば見え方も違ってくる。たとえば、「おじいちゃんがギターを買ってくれました」という言葉を加えれば2人は祖父と孫という関係になるが、「ギター教室で練習しています」という言葉を加えれば2人は先生と生徒という関係になる。

　新聞やニュースで映像と言葉を組み合わせる報道が多いのは、言葉と映像のそれぞれの特性を補完し合うためである。このことは、映像と言葉を意図的に組み合わせれば、意味を捏造することも可能になるということでもある。

図2　映像で概念を表すことはできない

図3　映像だけではその状況は伝えられない

映像と言葉の特性を活かした事例

●言葉から映像を想像する

　国語科の授業で求められることは、**テクスト**となる言葉を根拠として背景となる**コンテクスト**を想像することである。たとえば、松尾芭蕉の俳句で次のものがある。

　　山路きて　何やらゆかし　すみれ草

● 映像と言葉の行き来の意味は？ ● 解説と事例

俳句はまさに**テクスト**である言葉だけで作られている。ここで教員が、児童生徒は「すみれ草」を知らないだろうと考えて、その映像を見せてしまうと国語の学習は成立しない。

そこで、「芭蕉は今どこで何をしていますか？」と発問する。児童生徒は「山路きて」という言葉に着目して「山の中をずっと歩いてきて、ふと見ると、すみれ草を見つけた」ということを想像する。教員はさらに「すみれ草とはどんな花だと思いますか？」と問うことで、児童生徒は山の中の状況や芭蕉の心情を想像するようになる。「小さくて明るい花だろう」「かわいくてほっとするような花ではないか」などと話し合うことができる。このように十分に想像させた後に、「すみれ草」の映像（図4）を見せることが授業設計上では必要になる。

図4 「すみれ草」の映像

●映像から問いを生み出す

前述したように映像だけでは意味がわかりにくい。この特性を活かして、映像のみを提示することで、わかりにくいことを「問い」にすることが可能になる。

特に社会科や理科、図画工作科などの授業では、教材となる写真を使用することが多い。図5は、熊本県益城町にある「通潤橋」という江戸時代に建造された橋の写真と動画を見ながら、児童が問いを考えている画面である。「いつ作られたのか？」「なぜ、作ったのか？」といった問いを生み出すことによって、児童が自ら学習課題を立てることができるようになる。

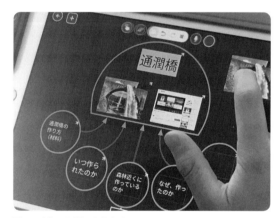
図5 映像から問いを見出す

●撮影しながら言葉を紡ぎ出す

詩の学習では、具体的な体験による心の動きが必要になる。教室の中でじっとしていても、言葉を紡ぎ出すことはできない。

実際に教室を飛び出して「面白い」と感じたモノを撮影しながら、五感を駆使しながら言葉にしていく活動が効果的である。「見えたもの」「聞こえてきたこと」「においてみて」「さわってみて」という記入欄のあるワークシートを活用すると、映像と同時にそのときの撮影者の心の動きまでも記録することができる。これを組み合わせて詩にしたものがフォトポエムである（図6）。

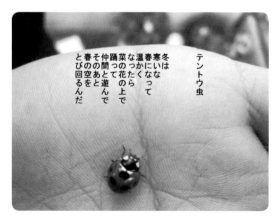
図6 撮影しながら言葉を紡ぎ出す

●複数の映像から概念を形成する

映像では概念を表すことはできないが、複数の映像を撮影し、そこに共通することを言葉にしていくことで概念の形成を行うことは可能である。

たとえば、ユニバーサルデザインについての学習を考えてみよう。その辞書的な意味「すべての人に使いやすいデザイン」だけでは、児童生徒にはピンとこない。そこで、児童生徒が「ユニバーサルデザインだと感じるものを撮影する」という活動を行う。身近なところに様々なユニバーサルデザインがあることに気づくはずだ。その映像を共有し、**コンテクスト**となる「撮影した理由」を述べながら発表していくと、ユニバーサルデザインの概念形成が促される（図7）。

図7　撮影された複数の映像から概念を形成する

●自分の作品を映像と言葉で記録する

図画工作科の作品は教室でしばらく展示して自宅に持ち帰らせることが多い。児童が作品を作ったときの心情は、そのときにしか覚えていない。そこで、自分の作品を撮影し、それと同時に工夫点や感想などを言葉にして蓄積していく。これがアートポートフォリオと呼ばれるものである（図8）。友達との比較ではなく、自分の成長を感じることができる貴重な作品集となる。情報端末を使えばデジタルアートポートフォリオも可能だ。

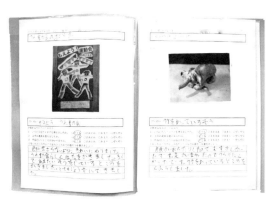

図8　アートポートフォリオ

映像教育の重要性

インターネットの進化に伴い、静止画や動画といった映像を誰もが自由に撮影・加工・編集して発信できるようになってきた。また、簡単に映像を入手し視聴することもできる。このように誰もが自由に映像による情報の発信や受信ができるようになった現在においては、メディアリテラシーの必要性がますます高まってきている。映像と言葉の特性を理解して活用していく学習は、これからさらに重要度が増していくだろう。

引用文献
[1] 名取洋之助（1963）『写真の読み方』岩波新書
参考文献
[2] 前田康裕（2017）『まんがで知る教師の学び2』さくら社
[3] 前田康裕（2021）『まんがで知るデジタルの学び』さくら社

子どもたちにどのような力をつけるのか、つけるための指標は？

解説

中橋 雄（なかはし ゆう）　日本大学 教授

カメラ機能を活用することで育まれる力

　1人1台端末・カメラ機能を活用した授業を通じて、学習者にどのような力を育むことができるのか。何がその力の育成を評価する指標となりうるのだろうか。本章では、デジタル表現研究会（D-project）によって整理された「メディア創造力」の学習到達目標[1]を観点として、その問いの答えを考える。この学習到達目標は、メディア表現学習を通じて育まれる力を整理したものであり、カメラ機能を活用した授業もそれに該当すると考えられるからである。この学習到達目標は、以下の4つの能力項目に下位の要素項目が3つずつ整理されている。

> A 課題を設定し解決しようとする力
> B 制作物の内容と形式を読み解く力
> C 表現の内容と手段を吟味する力
> D 相互作用を生かす力

　まず、A 課題を設定し解決しようとする力は、以下の要素から成り立っている。

> ① A1 社会とのつながりを意識した必然性のある課題を設定できる
> ② A2 基礎・基本の学習を課題解決に活かせる
> ③ A3 好奇心・探究心・意欲をもって取り組める

　次に、B 制作物の内容と形式を読み解く力は、以下の要素から成り立っている。

> ④ B1 構成要素の役割を理解できる
> ⑤ B2 映像を解釈して、言葉や文章にできる
> ⑥ B3 制作物の社会的な影響力や意味を理解できる

　そして、C 表現の内容と手段を吟味する力は、下の要素から成り立っている。

⑦ C1 柔軟に思考し、表現の内容を企画・発想できる

⑧ C2 目的に応じて表現手段の選択・組み合わせができる

⑨ C3 根拠をもって映像と言語を関連づけて表現できる

また、 D 相互作用を生かす力は、以下の要素から成り立っている。

⑩ D1 建設的妥協点を見出しながら議論して他者と協働できる

⑪ D2 制作物に対する反応をもとに伝わらなかった失敗から学習できる

⑫ D3 他者との関わりから自己を見つめ学んだことを評価できる

次節では、この12項目の学習到達目標を観点として、1人1台端末・カメラ機能を活用した授業で育てたい力の指標について検討する。

学習到達目標を観点とした指標

1人1台端末・カメラ機能を活用した授業を通じて、どのような力が身につくと考えられるか、12の学習到達目標を観点として、具体的な学習活動を想定して検討する。また、その際必要とされる学習指導のあり方について考える。

①社会とのつながりを意識した必然性のある課題を設定できる A1

1人1台端末・カメラ機能を活用した授業を通じて、社会とのつながりを意識した必然性のある課題を設定できる力が身につくと考えられる。たとえば、地域活性化を目的とした観光パンフレットを制作するために写真を撮る活動をしたとする。地域社会の問題解決につながる写真を撮影することで、地域の問題や魅力を具体的、客観的に捉え直すことができるようになると考えられる。

一方、学習者は撮影することだけに夢中になり、課題設定に必要な思考を働かせることができないこともある。撮影してきた写真を確認し、目的との関連を説明させ、課題設定に活かされるか確認した上で、再撮影の機会を設けて必要な思考を促すことが必要になる。

②基礎・基本の学習を課題解決に活かせる A2

1人1台端末・カメラ機能を活用した授業を通じて、基礎・基本の学習を課題解決に活かせる力が身につくと考えられる。たとえば、食品ロスの問題を調べ、解決に向けて行動を起こしてもらうよう訴えかける映像を制作する学習で、カメラ機能を活用したとする。教科書や資料集に使われている写真、放送番組・動画教材などの映像を参考にして、説得力のある表現の工夫を学び取り、制作に活かす。また、国語で学ぶ5W1Hを意識して必要な映像を撮影したり、美術で学ぶ構図の知識を活かして映像を撮影したり、基礎・基本の学習を活かすことができる。

一方、学習者は、こうした教材に接する受け手としての経験と、カメラ機能を活用する送り手の活動との関係を意識できないこともある。その関連について指導することが重要になる。

③好奇心・探究心・意欲をもって取り組める A3

　1人1台端末・カメラ機能を活用した授業を通じて、好奇心・探究心・意欲をもって取り組める力が身につくと考えられる。たとえば、理科の実験・観察を行う学習にカメラ機能を活用したとする。条件が異なることによって生じる現象を記録した画像の比較分析を通じて、なぜそうなるのか興味を持たせることができる。「なぜだろう、どうしてだろう」と知りたくなる欲求は、学習者が自律的に学び続けるための原動力になると期待できる。

　一方、学習者は、「カメラで実験の記録を撮りなさい」という指示を受けるだけでは、好奇心・探究心・意欲を持てる活動にならない場合がある。「なぜだろう、どうしてだろう」と感じたことを他の人に伝える機会をつくり、そのために撮影するよう意識させることが重要になるだろう。

④構成要素の役割を理解できる B1

　1人1台端末・カメラ機能を活用した授業を通じて、制作物の構成要素の役割を理解できる力が身につくと考えられる。たとえば、学校のルールやマナーを低学年に伝える映像づくりをする学習活動に取り組むとする。映像作品であれば、動画、音楽、テロップ等といった要素で表現されている。受け手となるときにも、送り手が何を伝えたくて要素を組み合わせたのかというように、送り手の意図を意識して情報を受け止めることができるようになると期待できる。

　一方、ただ映像を撮影させるだけでその組み合わせを意識できるとは考えにくい。音楽やテロップと組み合わせることを想定して、どのような映像を撮影すればよいか考える機会を設ける必要がある。

⑤映像を解釈して、言葉や文章にできる B2

　1人1台端末・カメラ機能を活用した授業を通じて、映像を解釈して、言葉や文章にできる力が身につくと考えられる。たとえば、植物の成長について観察してわかったことをレポートにまとめる学習に取り組むとする。学習者は、具象（映像）と抽象（言語）を往復し、対応づけることによって物事を理解し、学習できるようになると期待される。また、学習者自身が表現する経験を積むことで、他者の表現した映像を解釈することもできるようになると期待される。一方、学習者は、映像の言語化、言語の映像化といった記号の変換に慣れていない。意識的に映像を解釈したり、表現したりする活動を積み重ねることが重要である。

⑥制作物の社会的な影響力や意味を理解できる B3

　1人1台端末・カメラ機能を活用した授業を通じて、制作物の社会的な影響力や意味を理解できる力が身につくと考えられる。たとえば、地域施設のバリアフリーに関する学習を踏まえ、問題となる場所を探し、写真に記録して自治体に改善提案のプレゼンテーションをする活動をしたとする。提案したことによって実際に改善された場合には、その社会的な影響力を実感できるだろう。

　一方、学習者が、何をどのように撮ることで説得力に違いが生じるのか、実感を持って学ぶことは難しい。そのため、複数の写真を比較検討して影響力の違いを検討することや、提案した相手から意見をもらう機会を設定することが重要になるだろう。

⑦**柔軟に思考し、表現の内容を企画・発想できる** C1

　1人1台端末・カメラ機能を活用した授業を通じて、柔軟に思考し、表現の内容を企画・発想できる力が身につくと考えられる。たとえば、環境問題について学び、環境保護を呼びかけるポスターを制作する際に、使用する写真をカメラ機能で撮影するとする。注意を引き、心を動かし、行動に移させるために、どのように撮影するとよいか決め、実際に撮影する場面で学習は深まる。

　一方、学習者は、何もないところから効果的な情報発信の内容と方法を企画・発想することは困難だと考えられる。自分の経験、身近な人、図書資料、統計資料から得た情報を整理・比較・分析した結果を踏まえて柔軟に思考する機会をつくることが重要である。

⑧**目的に応じて表現手段の選択・組み合わせができる** C2

　1人1台端末・カメラ機能を活用した授業を通じて、目的に応じて表現手段の選択・組み合わせができる力が身につくと考えられる。たとえば、体育で跳び箱の跳び方をカメラ機能で撮影し、相互評価し、跳び方を改善する授業を行うとする。一連の流れを確認するときには動画が有効だと考えられるが、跳び箱に手をつく位置や腕の角度などを確認しにくい。その場合、静止画を拡大して、ペン機能で印を付けて図示するとともに、シートに貼り付けて、意識すべきことを言葉で書き記すことが学習目標の達成には有効であろう。

　学習者は、動画を撮影できたことだけで満足しがちであるため、相手意識・目的意識に応じた表現手段の選択・組み合わせができているか意識させ、評価することが必要である。

⑨**根拠をもって映像と言語を関連づけて表現できる** C3

　1人1台端末・カメラ機能を活用した授業を通じて、根拠をもって映像と言語を関連づけて表現できる力が身につくと考えられる。たとえば、社会科見学で訪問した車の工場で働く人の思いを取材して、壁新聞を制作する学習をしたとする。見出しや本文で伝えたいことに合う写真をカメラ機能で撮影することになる。写真は言語を補完する役割だけでなく、写真で興味をひきつけ本文を読んでもらうという役割もあることも理解できるだろう。

　一方、学習者が、自然に映像と言語を関連づけることができるとは限らない。何かしらの根拠をもって考え、判断する機会を設定することが重要であろう。

⑩**建設的妥協点を見出しながら議論して他者と協働できる** D1

　1人1台端末・カメラ機能を活用した授業を通じて、建設的妥協点を見出しながら議論して他者と協働できる力が身につくと考えられる。たとえば、地域の人に学校のよいところを紹介するパンフレットを制作する学習活動をしたとする。学校の魅力を伝えるためにどの写真を選ぶとよいか考える。複数候補が残る場合は、建設的妥協点を見出しながら議論して合意形成できるようになることが期待される。

　一方、ただ議論しているだけでは、建設的な妥協点にたどり着くことは難しいと考えられる。相手の意見を踏まえ、協働で課題解決をするために、譲れない部分と譲っても結果としてうまくいく部分はないか、具体的に整理させることが重要である。

⑪制作物に対する反応をもとに伝わらなかった失敗から学習できる　D2

　1人1台端末・カメラ機能を活用した授業を通じて、制作物に対する反応をもとに伝わらなかった失敗から学習できる力が身につくと考えられる。たとえば、カメラ機能で撮影した写真を見せながら出来事を伝えるスピーチをしたとする。そこで、うまく伝わらなかった経験を活かし伝わるようにするためには、どのような写真を撮影し提示することが必要なのか考えることができる。

　一方、学習者は写真を見せたことで満足し、伝わっていないことに気づくことができないこともある。伝えたかったことは何かということに対して「何が伝わらなかったのか」「なぜ伝わらなかったのか」ということを確認させ、改善する機会を設けることが重要である。

⑫他者との関わりから自己を見つめ学んだことを評価できる　D3

　1人1台端末・カメラ機能を活用した授業を通じて、他者との関わりから自己を見つめ学んだことを評価できる力が身につくと考えられる。たとえば、異なる地域の学校と交流学習を進める際に自分たちの地域を写真で紹介する活動をしたとする。相手が知りたいと思う名所や特産品などを撮影することは、自文化を捉え直す機会となる。また何を撮影するかグループで話し合うことで、ものの見方や考え方がひろがり、自己の成長につながると期待できる。

　一方、学習者は、当たり前になってしまっている自分の考え方に対して疑問を持つことが難しい場合もある。他者との関わりによって、お互いに足りない部分を補い合うことができた点や、相乗効果を得ることができた点など、得られた成長について評価する機会を設けることが重要である。

授業デザインの重要性

　本稿では、以上12の観点から、1人1台端末・カメラ機能を活用した学習活動を通じて育まれる力について考えてきた。また、こうした力を確実に育むためには、教員が、それを指標として学習意欲を刺激する授業をデザインし、指導し、評価し、授業改善に取り組む必要があることを確認できた。いずれも自律的に学び続ける学習者にとって必要とされる力だと考えられる。こうした学習活動が充実したものになることが望まれる。

子どもたちにどのような力をつけるのか、つけるための指標は？　解説

参考文献
[1] デジタル表現研究会：「メディア創造力」の到達目標　参照　p.3
　　https://www.d-project.jp/2022/d-press_media.pdf

子どもたちにどのような力をつけるのか、つけるための指標は？

事例

山中 昭岳（やまなか あきたか）　学校法人佐藤栄学園（さとえ）さとえ学園小学校 教諭

どのような力をつけるか、つけるための指標〜「写真展」実践を用いて

　メディアで表現する活動は、すべての児童生徒が1人1台端末を持つことにより多様な場面での学習へと展開できるようになった。本書が**撮って活用**をキーワードとしてカメラ機能を中心としたガイドブック的な役割を果たすということで、ここでは様々な学習に対して汎用性のある「写真展」事例を用いて、児童生徒にどのような力をつけるか、そしてつけるための指標について「写真展」事例の具体で解説していく。はじめにD-projectが発足した当時（約20年前）の「お気に入り写真展」実践を紹介し、比較を通して1人1台端末の登場のメリットも示していきたい。

●メディア創造力の到達目標

　メディアで表現する活動に対して、どのような力をつけるのか、そのための指標としてD-projectでは、「メディア創造力」の到達目標を公開している 参照 p.3。この到達目標を活用することで、児童生徒の実態、各教科等のカリキュラムの位置づけとの関連、そのときの世の中の状況や時代の流れ等を踏まえた上で、メディアで表現する学習活動がどのような能力につながっていくのかを明確にした展開の授業デザインになる。そして、実施し達成した能力の項目をチェックしていくことで、この学年では何ができていて、何ができていないのかが明確となり、カリキュラムとしての系統性も担保できる。さらに発展的な活用として、児童生徒にこの到達目標を提示し、すべての学習活動の中でどの項目が達成できているかを児童生徒自らがチェックしていく個別最適な学びへと展開できる。

　ここでは、「メディア創造力」の到達目標を活用した身につけたい力の設定の仕方によって変化する、多様な授業デザインを「写真展」事例を用いて紹介する。

「お気に入り写真展」とは

　D-projectが発足した当時（約20年前）は、メディアで表現する活動として、1人1台端末を実施できている学校は数えるほどしかなく、写真実践としてはデジカメ（デジタルカメラ）が主流であった。本実践の概要としては、自分たちのお気に入りの場所やモノをデジカメで撮影し、紹介し合うものである。この活動が到達目標を活用することにより、どのような能力が身につくのかが明確となり、たった1枚のデジカメ画像から創造し、表現することを学ぶ展開となる。

●対象学年

　小学1年生から中学3年生まで実践可能である。

●活動の流れ

① お気に入りの場所やモノを何にするか決める

② それを撮影する

・たった1枚の写真からみんなに伝えたい思いを表現する。

・基本的なデジカメの使い方を学ぶ。

デジカメで撮影する児童

③ 写真展を開き、互いのお気に入りを知る

・自分の作品と友達の作品を比べる。

・次回デジカメを活用するときのスキルとポイントを整理する。

「お気に入り写真展」の様子

④ 振り返る

●到達目標を活用して

　ただ写真を撮って、交流して振り返りをさせて終わりでは、児童生徒にどんな力が身につくのかが不明確で、評価もあいまいになる。到達目標を活用することにより、身につけたい力が明確で、どのような評価ができるかなど、指導上の留意点が具体的なものとなる。

　ここでは、小学校高学年で実施した保護者参観時に学校のよさを伝える写真展を開催する事例をもとに到達目標を活用した「お気に入り写真展」を紹介する。

① お気に入りの場所やモノを何にするか決める

設定した到達目標

　A 課題を設定し解決しようとする力　A3 好奇心・探究心・意欲をもって取り組める

　Lv3 課題に対して、相手意識・目的意識を持って主体的に取り組むことができる。

指導上の留意点

　児童が何を紹介したいかを「保護者に知ってもらいたい学校のよいところ」という基準で評価する。この基準は児童とも共有し、自己評価、さらには友達との相互評価に活かす。これらの評価を根拠に達成できていない児童に対しては、他者の紹介したいものを参考として伝えたり、達成している児童にアドバイスをもらうように指示したりするなどの指導を行う。

② それを撮影する

設定した到達目標

　　C 表現の内容と手段を吟味する力　　C3 根拠をもって映像と言語を関連づけて表現できる
　　Lv3 自分が撮影し取材した情報を編集し、映像と言葉を関連づけて表現できる。

指導上の留意点

　1枚の写真と短い言葉で表現するため、設定した到達目標にあるように「限られた情報の中においていかに写真と言葉でたくさんの情報を提供できるか」が評価の基準として写真と言葉の割合に着目して指導する。このときも児童にもこの基準を共有し、相互評価をただ見せ合っていいところ探しだけをするのではなく、写真で表現されて理解できるものをさらに言葉で伝えていないか、といった視点で児童同士が気づき指摘し合ったりできるように指導し、作品をブラッシュアップしていく。

③ 写真展を開き、互いのお気に入りを知る

設定した到達目標

　　D 相互作用を生かす力　　D2 制作物に対する反応をもとに伝わらなかった失敗から学習できる
　　Lv3 相手の反応を受けて、次の活動にどのように活かそうかと具体案を考えることができる。

指導上の留意点

　到達目標にあるように必要なものは「相手の反応」である。そこで、必ず保護者からの反応をもらう手だてを設定する。ここでは、アンケート用紙を児童自らが作成し、書いてもらうようにした。ただ、保護者にアンケートを書いてください、だけではよいことだけを書いてくれると想定し、改善点も書いてもらいやすくするようにPMIシート（P：よい点、M：改善点、I：興味深い点といった枠組みが書かれたシート）でアンケートを書いてもらうようにし、それぞれに必ず書いてもらうようにお願いする。これにより改善点が得られ、次への課題が児童自ら設定できることとなる。

④ 振り返る

設定した到達目標

　　D 相互作用を生かす力　　D3 他者との関わりから自己を見つめ学んだことを評価できる
　　Lv3 他者との関わりを振り返り、自己の改善点を見つめ直すことができる。

指導上の留意点

　到達目標にあるように他者との関わりに重点をおくため、この活動を通して、自分が誰と関わり、どのように変わったのかを明記できる振り返りシート等を準備し、この活動の可視化をする。これをもとに、さらに次回への課題を設定する。

1人1台端末に転用する

　1人1台端末があることで、写真を撮影する活動が日常的に行われるようになる。ここでは、写真や動画の撮影が行われる学習活動に対して到達目標を設定することで、メディアで表現する学習活動がどのような能力につながっていくのかを明確にした展開の授業デザインを提示していく。構成要素について述べ、レベルについては実施する学年に応じて設定してほしい。

●朝の会：日直のスピーチ

指導上の留意点

　　C　表現の内容と手段を吟味する力　　C1　柔軟に思考し、表現の内容を企画・発想できる

指導上の留意点

　学年に応じて到達目標の　Lv　からスピーチの内容を決定し、1枚の写真と言葉での説明で表現する。そのとき、事実をもとにした内容となっているかどうか評価する。

●国語：音読やインタビュー等の学習での録画

●社会：社会見学での撮影と共有

●理科：実験等の撮影と共有

●生活科：アサガオ等の成長を写真で記録していく活動

　　C　表現の内容と手段を吟味する力　　C3　根拠をもって映像と言語を関連づけて表現できる

指導上の留意点

　撮影した映像を根拠として言葉で表現することを学習に活かすことで、教科の目標を達成することができているかどうか評価する。

●算数：三角や四角の図形探しで学校の中を撮影する活動

　　A　課題を設定し解決しようとする力　　A3　好奇心・探究心・意欲をもって取り組める

　　Lv2　自分が見つけた疑問を、すすんで探究することができる。

指導上の留意点

　小学校第2学年算数「三角形と四角形」の単元での導入において、校内にある三角や四角の形を撮影することで、自らが見つけた三角形や四角形を学習へとつなげることで、図形の意味や構成要素への理解を促進することができるかどうか評価する。

●体育ではマット、とび箱、水泳、組体操など自らの動きの振り返りでの活用

　　D　相互作用を生かす力　　D1　建設的妥協点を見出しながら議論して他者と協働できる

指導上の留意点

　自らの動きを事実として捉え、自分の能力との妥協点を見出して可能性を探ることができているかどうか評価する。

●帰りの会：日直からの振り返りでの活用

　　D　相互作用を生かす力　　D3　他者との関わりから自己を見つめ学んだことを評価できる

指導上の留意点

　日直が、よい点としてのクラスの成長や改善点としてのクラスの課題を明確にする、その日1日を象徴する1枚を、撮影することができているかどうか評価する。

子どもたちにどのような力をつけるのか、つけるための指標は？　事例

何かを撮ることで教科・領域に どのようにランディングさせるのか？

解説

岩﨑 有朋（いわさき ありとも）　鳥取県教育センター GIGAスクール推進課 係長

何かを撮るって授業に必要なこと？

　令和3年5月から日本中の児童生徒が1人1台の学習者用端末を活用し始めて、早くも1年半がたち、端末の特別感も弱まっている（と思いたい）。この学習者用端末のウリの1つは**カメラ機能**である。今でこそ当たり前になったが、当時革命的だったのがiPad。撮ったらすぐに画像に書き込みができ、拡大・縮小も指で簡単にできる。写真1は2012年の秋、グループに1台ずつのiPadが届いたときの場面である。児童らは撮っては話し合い、また再撮影しては話し合いを夢中で繰り返していた。それまでは私物デジカメ（デジタルカメラ）が活躍していたが、iPadのカメラ機能の登場により私物デジカメはあえなく退役となった。

　この**撮る**というテーマから考えると、当時のiPadの登場は改めて大きな節目であったように思う。それまでは教員のデジカメで「教員が見せたいもの」を撮るということから、iPadのカメラ機能で「**自分たちに必要なもの**」を撮るということに変わったということである。そうなると、教員の投げかける問いも難易度が増したものに変化していった。写真2は水圧実験器を撮影している様子だが、当時の問いは「水圧の特徴は3つある。1つずつ特徴を1文で表しなさい。また、その文章の根拠となる映像を添えなさい」である。生徒は水圧実験器の膜の変化の瞬間を撮影し、それに矢印等を書き加え、映像をもとに1文を絞り出す姿が見られた。

　当時、iPadのカメラ機能がなければ根拠となる画像は当然残せない。残せないから、その変化の瞬間をこちらの細かな指示で観察させるしかない。「見ましたか？　膜がへこんでいましたか？　どんなふうにへこんでますか？」なんて確認や問いかけをしていただろう。しかし、こちらが意図した見せたい場面を、果たして観察しているかの確認は難しいだろう。その結果、観察したふうで、わかったふうで、教員の板書をノートに書いて終わりになっていたかもしれない。つまり、一斉授業で知識伝達の暗記理科だったのかもしれないと考えると、それで授業が成立したとしても生徒が退屈を我慢したから成り立つ授業になっていただろう。

　今、学校で授業をするとしたら、カメラ機能を使わない授業は逆に想像しづらい。それくらい児童生徒が「**撮ること**」は自分の授業観ではスタンダードになっていると言っていいだろう。

写真1　グループに1台iPad

写真2　iPadでの撮影の様子

「撮ること」を学習に組み込むには？

　本稿を読まれている方の中には、授業に「**撮ること**」を組み込むポイントについて悩まれている方もいるかもしれない。そこで、「ある事例をもとに一緒に考えてみてはどうですか？」という提案である。もちろん「撮ること」がスタンダードになっているという方も再考の機会と捉えていただき、読了後に「私ならこう考える」といった意見交流などができれば、「撮ること」に対して互いの理解が深まる機会になるので、ぜひお願いしたい。

　さて、ある事例は、小学5年理科の「雲と天気の変化」という単元を扱う研修に基づいている。この研修内容を考えているときに、ちょうど山口 周（2019）『ニュータイプの時代』[1] という書籍を読んでいたが、その中で山口氏が説いていたWhat、Why、Howを用いる考え方が、自分の授業デザイン時の感覚と近いものがあったので、意識的にそれで授業を組んでみた。What、Why、Howはそれぞれ「何を目指すのか」「それがなぜ大切なのか」「どのように取り組むのか」という意味があり、What、Why、Howの順番に具体的な内容を書き出していく（図1）。

①この単元では何を目指すのか？→What
②それがどうして大切なのか？→Why
③そのためにどのようにするのか？→How

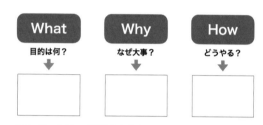

図1　3つの問いで授業を変える
山口 周『ニュータイプの時代』の内容に着想を得て筆者が作成。

　ちなみに、この単元について、【理科編】小学校学習指導要領（平成29年告示）解説 p.73に次のとおり学習内容が示されている。まずはそれを読み、What、Whyを考えてみてほしい。そして、What、Whyが埋まったら、次はHowの具体を考えてみる流れである。

(4) 天気の変化

> 　天気の変化の仕方について，雲の様子を観測したり，映像などの気象情報を活用したりする中で，雲の量や動きに着目して，それらと天気の変化とを関係付けて調べる活動を通して，次の事項を身に付けることができるよう指導する。
> ア　次のことを理解するとともに，観察，実験などに関する技能を身に付けること。
> 　（ア）　天気の変化は，雲の量や動きと関係があること。
> 　（イ）　天気の変化は，映像などの気象情報を用いて予想できること。
> イ　天気の変化の仕方について追究する中で，天気の変化の仕方と雲の量や動きとの関係についての予想や仮説を基に，解決の方法を発想し，表現すること。

　さて、図1の枠は埋まっただろうか。例として図2に私なりに考えた案を示す。

　Whatは単元のねらい、Whyは理科を学ぶ本質的なねらい、Howは単元の各時間の学習内容とも解釈できる。たった3つの問いだが、何度も指導要領解説の文章を読み、教科書を読み、自

分なりにしっくりとくる表現になるまで書き直す。授業デザインを考える上で、一番時間をかけるのはこの部分であり、この3つの問いについての文章を考えることを通して、実は各時間の学習のイメージもふくらんでいる（はずである）。

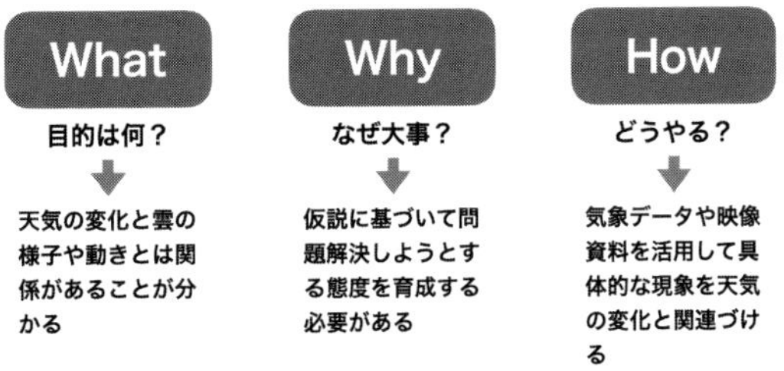

図2 3つの問いで授業を変える（筆者回答案）
山口 周『ニュータイプの時代』の内容に着想を得て筆者が作成。

撮るという学習活動はHowにあたる部分なので、樹木で例えるなら枝葉の部分である。学習の根っこの部分（Why）も幹の部分（What）も考えずに、枝葉の部分（How）だけ考えていては、活動ありきで学び無しになる。仕事上、授業を参観することも多いが、「Google Jamboardを使っています」「シンキングツールを使っています」ということが目的に見える授業もある。「撮ること」も同じで、「撮影し、大型モニターに表示してクラスに発表しています」と言われても、「だから何？」なのである。**この学習はこういうことを学び、なぜそのような学習をするのか**を授業者が語れてこそ、育成したい軸が1本通った授業になるのではないだろうか。

さて、それではHowで示した「気象データや映像資料を活用して具体的な現象を天気の変化と関連づける」をどうするのか。

教科書には先生と児童の会話のイラストに次のような言葉が添えられている。

先生：天気が晴れからくもりや雨になるとき、雲のようすはどのように変わっていくの？
児童1：小さな雲が大きくなって、空全体がくもってくると思うよ。
児童2：雲が動いてきて、晴れていた空がくもってくると思うよ。
児童3：雲の色や形も変化していると思うよ。

教科書のこの部分を扱ったとき、児童のほうから「そうなの？」「本当に？」とつぶやいたり、「私は児童1と同じだと思う」と共感の意見が出たら、しめたものである。特に児童1と児童2では、同じくもりになるにせよ、その過程が違う。既習事項や日常の経験と重ね合わせたりしながら、どちらかの考えに寄って仮説を立てさせてもよいだろう。そこで授業者の一言「それってどうやって確かめるの？」の言葉が「撮ること」の必然性を児童の中に生じさせる。「先生、タブレットで撮っていいですか？」の問いに「どうぞ。自分たちでこれだ！と思うものが撮れたら教えてね〜」で十分。

しかし、ここで先生によっては、撮影の方法や場所、グループでの役割など、丁寧に計画を立てさせたりする。こういう場面は学習集団も授業者自身も成長のチャンスである。「撮ること」を通して、撮影方法やタイムスケジュールも含めて、児童生徒に計画させ、撮影し、それが根拠となるのか試行錯誤させる。たぶん想定より2、3時間オーバーのイレギュラーが発生するだろう。しかし、そのイレギュラーを恐れてはダメだと思う。もし私が授業者なら、「本当に納得する映像になるまでみんなで頑張ってごらんよ」と放り出し、彼らが納得する映像ができるまでは1、2時間は任せる。その後、他の単元を進めるので、お昼休みや放課後、土日の時間を使って撮影する猶予を与え、根拠が揃った時点で、また単元に戻る。Whyで「問題解決しようとする態度を育成する」と記している限り、安易な映像で問題解決の根拠にすることに妥協してはなら

ない。「撮ること」を彼らに託したのなら、待つしかない。児童生徒は連続撮影とか、場所を変えての撮影、Webの雲の動きと並列で表示させながらの資料とか、いろいろな工夫をするだろう。それは「試行錯誤していいよ」という時間が保障されたからこそ開花する児童生徒の新しい感覚だと思う。それを「授業時間数が…」と授業者の都合で摘んでしまうのはもったいない。一度すったもんだを経験した集団は、別の機会でこの経験を活かす。そうなると次の機会はペースが上がる。そして、1年間を終える頃には帳尻は合っている。それも自分たちで解決するんだという覚悟とスキルが身についた学習集団としての成長も伴ってである。さて、皆さんは授業時間数が延びていく中、この成長が待てるだろうか。

「撮ること」をきっかけに授業を変える

撮影したものを見れば、その子どもがどのような目線で物事を見つめているのかがわかる。さらに撮影物の説明を聞けば、その子どもへの理解は深まるかもしれない。「撮ること」が1人1台端末によってできるようになったのだから、この機会を活かし、授業を改善するきっかけにすべきだ。

そこで本稿の最後に「不親切な授業をするための親切・丁寧な仕込み」を提案したい。先ほど理科における「撮ること」の授業デザインについて例示を示した。もし私が不親切な授業（児童生徒に撮影を託す授業）をするなら、早ければ2学期からか、よくばらずに年度の後半にたたみ込むようにやるだろう。それまでの期間は親切・丁寧な仕込みの期間である（図3）。

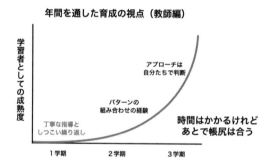

図3　年間を通した育成の視点（教員編）

グループでの話し合い方、書き込みしながらの説明の方法、多様なアプリや機能の操作、カメラの静止画・動画撮影の繰り返しなど、徹底して仕込む。それも、これはどんな目的でやるのか、どんな力をつけることをねらっているのかなど、1つひとつ意味づけ、価値づけの説明も必ず添える。できなければ、手を替え品を替え、しつこく攻める。そう簡単にできたとならない高い到達点を児童生徒と共有する時間と言ってもいいだろう。この考えに立ったとき、「撮ること」は何度も試せるので、試行錯誤するにはもってこいである。「その撮り方で伝えたいことが伝わる？」「見せたいものはそれで写ってるの？」「初めて見る人はそれでわかる？」このような問いに対して、撮り直したものは質がグッとよくなるので、そのときにはしっかりと認める。このような学習場面を考えたときに、それまでに撮り方の説明、被写体の置き方、動画の場合のアングルといった撮影のテクニックや、撮影してよいものか、許可はとるのか、といった様々な権利への配慮など、1つずつ仕込んでいく。

これが親切・丁寧な仕込みの内訳である。その仕込みが熟してきたら、不親切な授業発動である。「今まで学習で身につけたことを使って自分たちで成果を出しなさい」と放り出す。そのときのコツは質問のオウム返し。「これでいいですか？」には「これでいいんだろうか？」、「これは合っていますか？」には「合っているんだろうかね？」という具合である。「学習の答えにつ

ながるようなことはオウム返しします」と宣言しておいて、それを続けると教員に聞いてもムダなので、自分たちで解決するしかないという覚悟が生まれる。後は先ほども述べたように、任せたら待つ。

　「撮ること」自体は簡単だが、何を撮るのか、どのように撮るのか、撮ったものはどう活かすのか。そのヒントは、本書にD-projectメンバーの授業例として載っている。大切なのは、どうしてこの教員はこの場面で「撮ること」を取り入れたんだろう、と考えてみることである。つまり、WhatとWhyの部分である。授業事例のHowの部分だけを真似ても決して授業の質は上がらない。もし可能ならあなた自身が「撮ること」を試したらいい。そうすれば、学習者の感覚に寄り添える。教員は「撮ること」を取り入れた学習を通して1人ひとりの素敵な感性を一番そばで見ることができる贅沢な職業である。どうぞ「撮ること」のアイデアを児童生徒から募って試してほしい。そこに新しい授業のヒントが必ず潜んでいるはずである。

参考文献
[1] 山口 周 (2019)『ニュータイプの時代　新時代を生き抜く24の思考・行動様式』ダイヤモンド社

何かを撮ることで教科・領域に どのようにランディングさせるのか？

事例

山本 直樹（やまもと なおき）　関西大学初等部 教諭

理科学習で「撮って活用」

　本稿では、理科学習におけるタブレット端末の活用事例を紹介したい。理科は、観察・実験・レポート作成を行う教科の特質上、写真・ビデオ撮影から文字入力・編集まで1台でできるタブレット端末との親和性が非常に高いと考える。そこで、手軽にタブレット端末を活用する「さらっと」コースと、時間をかけて取り組む「じっくり」コースの2つに分けて解説する。

手軽に取り組み、学びを深める「さらっと」コース

　タブレット端末の操作スキルが低い児童生徒でも、手軽に使えるのがカメラ機能である。生活科や理科では、植物や昆虫の観察を行うことが多い。これまでの授業では、児童生徒が植物や昆虫を見ながら観察カードに絵を描いて記録するような活動を行ってきた。しかし、絵を一定時間内に正確に描くスキルには、能力差がある。それにより、自然の事物・現象に対する理解の深まりに差が生じる可能性がある。タブレットだと短時間のうちに撮影した写真を、後から教室でゆっくり観察し、カードに記録することができる。

●小学3年「植物の育ち方・こん虫の育ち方」

　春に3年生を学校近くの公園に連れていき、フィールドワークを行った。ねらいは、昆虫や植物の観察である。児童には、「撮影した植物や昆虫の写真を使って、公園の自然写真集を作ろう！」と呼びかけた。児童はバッタやモンシロチョウなどの昆虫を見つけて、タブレットで撮影していった（写真1）。タンポポなどすぐに名前がわかるものばかりではなく、3年生が知らない植物も多くある。それらの写真も撮影しておき、教室に帰ってから調べることとした。

　フィールドワークから帰ってきて、まず初めに指導したのは写真の整理である。3年生はまだタブレット操作に習熟していないため、ピントが合っていない、連写したため同じような写真がたくさんあるなどのケースが多く見られた。そこで、これは失敗だとか重複しているという写真を削除する方法を指導した。その上で、写真アプリ内に「○○公園の昆虫」などの名前を付けたアルバムを作って整理するようにした。

　一方、名前がわからない植物については「みんなの花図鑑AI」[1] というWebサイトを活用した。撮影した花の写真から、その名前をAI診断してくれるサイトである（写

写真1　フィールドワークの様子

真2）。すでに撮影してタブレット内に入っている画像から診断することもできる（＝ギャラリーから選んで検索）し、今から撮影する写真から診断することもできる（＝写真を撮影して検索）。この方法を3年生に紹介すると、児童はすぐにそれを使いこなしていった。かなりの精度で花の名前を正確に調べることができるので、とても授業に役立った。

写真2　「みんなの花図鑑AI」を活用

　また、3年理科では、ホウセンカとヒマワリを育てる活動も行う。そのため、春に1人1粒ずつ種植えをし、発芽直後からタブレットで写真撮影していった。写真を撮るだけではなく、葉の形や枚数など気づいたことをペンで写真上に記録するように指示した。また、ホウセンカとヒマワリのくきの伸び具合は、授業支援ソフトを通して配布したグラフカードに記録させた。児童は、撮影した写真もそのグラフカードに貼り付けて、成長記録をまとめていった（写真3）。

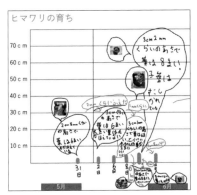

写真3　ヒマワリの成長をグラフカードに記録

●小学3年「音のふしぎ」

　「音のふしぎ」という単元では、「音が出ているとき、ものはふるえている」ということを学習する。ここでは、輪ゴムをはじいて音を出しているときのふるえる様子を観察する。しかし、振幅が速いために児童が肉眼でふるえを確認するのは困難である。そこで、タブレット端末のスロービデオ撮影機能を活用させた。この機能を使って撮影した映像を見ると、輪ゴムが上下に大きくふるえていることが一目瞭然で、映像を見た児童から歓声が上がった。

　また、音叉が音を出しているときにふるえている様子も、撮影させた。音叉は金属製のため、ふるえを肉眼で確かめるのはゴムよりさらに難しい。そこで、音が出ている音叉をビーカーの水につける瞬間を、スローで撮影させた（写真4）。この方法により、音叉が水についた瞬間、水紋が発生し水しぶきが激しく飛び散る様子を映像に記録することができた。「音が出ているとき、ものはふるえている」ことを理解させるために、この手立ては大変有効であった。

写真4　音叉をビーカーの水につける瞬間

●小学5年「メダカのたんじょう」

　5年では、メダカの誕生や成長を学習する。その中で、顕微鏡を使った卵の観察にタブレットを活用した。メダカは、約10日で卵から孵化する。その間の受精卵の発生の過程を、継続的に観察させる。約10日という限られた期間での活動となるため、休み時間も理科室を開放し、児童が自由に顕微鏡観察できる場を設定した。顕微鏡の接眼レンズにタブレットをあてて卵を撮影することには、5年生の児童はすぐに慣れ、数を重ねるたびにピントの合った写真をうまく撮れるようになった。撮影した卵の写真には、ペンで気づいたことを書き込んでいき、最終的には授

業支援ソフトを通じて報告させた（写真5）。メダカの卵の写真は、教科書にも掲載されているし、インターネットや図鑑でもすぐに見ることができる。しかし、実際に理科室で卵の中の様子を撮影する活動を継続することで、生き物の発生や成長についての実感を伴った理解を図ることができると考える。

自由な発想で表現する力を育てる 「じっくり」コース

実験や観察を通して理科の基礎的な単元学習をした後、学んだことをアニメーションで表現する活動を行う。学習で得た知識を自由な発想で表現する活動は、児童の学習意欲を喚起する。アニメーション制作の過程で何か疑問が生じたときには、再度学習内容を振り返ることで、さらに学びは深化するだろう。

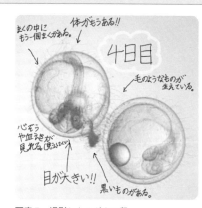

写真5　撮影したメダカの卵

●4年理科「学んだことをアニメーションで表現しよう！」

4年生の年度末、すべての理科単元の学習を終えた後、児童に「今年1年、理科で学んだことの中からテーマを選び、アニメーション番組を作ろう！」と呼びかけた。使うアプリは、クレイアニメーションが手軽に作成できる「Stop Motion」[2]である。

まず初めに、クレイアニメーションとはどういうものか、映像資料を使って説明した。CMや映画などでもよく見かける手法なので、児童はすぐにそれがどういう表現方法なのかを理解した。次に、アニメーションを作るテーマを決めた。児童は、「ツルレイシの成長にしようかな？」「つばめの子育てにしようか？」と思い思いに考えを巡らせて、テーマを決めていった。アニメーションを作るためには、様々な材料が必要である。そのため、理科室には粘土や針金、画用紙、毛糸など様々なものを用意し、児童が自由に使えるようにした。

児童Aは、「筋肉のはたらき」をテーマに選んだ。その子は、腕を曲げ伸ばしすることで力こぶができる筋肉の様子を、アニメーションで表現することにした。筋肉は粘土、骨は割り箸を使って表現していた。台の上にカメラを下にしたタブレット端末を載せる。そして「Stop Motion」アプリを起動し、割り箸や粘土を少しずつ動かしては撮影する作業を100回ほど繰り返すと、アニメーションが完成する（写真6）。筋肉のはたらきについては、「わたしたちの体と運動」という単元の中で、「うでを曲げるとき、上部の筋肉がちぢみ、下部の筋肉はゆるむ。（うでを伸ばすときはその逆）」ということを学習する。この知識については、学力テストでもよく

●何かを撮ることで教科・領域にどのようにランディングさせるのか？　事例

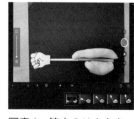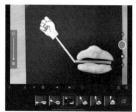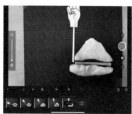

写真6　筋肉のはたらき

出題されるが、なかなかうまく定着していない子どもが見られる。この筋肉のはたらきをアニメーションで映像化することにより、より深く正確に理解できると考える。

　児童Bが選んだテーマは、「ツルレイシの成長」だった。茎は針金モール、葉は粘土を使っていた。青い画用紙の上にそれらを載せて、ツルレイシが発芽後、少しずつ茎や葉が成長していく様子を表現していった（写真7）。長いモールを少しずつ上に上げていくと、茎の成長のアニメーションができる。また、次第に葉の大きさが変わることも、粘土を使うと簡単に表現できる。その子は、子葉と本葉の数やその形状の違い、また蔓性植物特有の巻きひげが伸びていくことなど、単元の学びをうまく映像表現していた。

写真7　ツルレイシの成長

　児童Cは、「ツバメの育ち」をテーマとした。ツバメの絵を黒い画用紙上で細かく動かして、飛ぶ様子を表現した（写真8）。巣作りに使う小枝などの材料や、ヒナに与える虫などは毛糸を使っていた。親鳥が春に民家の壁に何度もやってきては粘り強く巣作りする様子や、ヒナが生まれて熱心に子育てする様子をアニメーションで表現することができた。

写真8　ツバメの育ち

　この学年の児童は、上記のような取り組みを通じてタブレット端末の操作にかなり習熟していった。そのため、5年生に進級し

渦がだんだん大きくなり、熱帯低気圧になる

写真9　台風のアニメーション

てからも、学んだことをアニメーション表現する活動に時折取り組んだ。たとえば、「台風と防災」単元終了後、「台風の発生の仕方をアニメーションで表現しよう！」という課題を設定した。このとき、児童は「Keynote」アプリを活用した。プレゼンテーションに特化した「Keynote」は、アニメーション機能により図形や文字に動きを付けることができる。台風が回転しながら、次第に日本列島に近づいてくるといったアニメーションなら、10分もかからずにできる。児童は、図形の動きに自分のナレーションをかぶせて、台風のメカニズムを説明するアニメーションを作っていった（写真9）。アニメの構想からタブレット作業完了まで、およそ2時間であった。完成したアニメーションを見ると多くの児童の作品の中に、次のような内容が盛り込まれていた。

- 台風は日本の南の海上で発生する
- 気流が上昇し発達する
- 日本付近で東へ進路をとることが多い
- 暖められた海水が水蒸気になる
- 台風は反時計周り

　アニメーションを作る作業の中で、上記のような単元の学びとの往復が頻繁に起こっていたはずである。それにより、理科の学びを深めることができたと考える。

参考文献
[1] みんなの花図鑑AI　https://minhana.net/ai_zukan
[2] Stop Motion Studio　https://www.cateater.com/

何かを撮ることで教科・領域にどのようにランディングさせるのか？　事例

1人1台端末活用 研修のポイント

小林 祐紀　茨城大学 准教授
(こばやし ゆうき)

はじめに

D-projectが開発した1人1台端末活用研修パッケージには、3つのコースが用意されている。

> **D-project1人1台端末活用研修パッケージ〜撮って活用して振り返る**
> https://www.d-project.jp/package
> ① 入門研修として、60分で実施できる「まず、**先生が楽しむ研修に**（先生の表現するためのスキルアップ）」
> ② 90分で実施できる「**授業づくりのイメージをもつ研修に**（表現活動を位置づけた授業づくりを学ぶ）」
> ③ 90分で実施できる「**授業でどう使えるか考える研修に**（表現活動を位置づけた模擬授業体験）」

　また、各コースで使用するコンテンツや実践事例集は個別に用意されており、教員研修を企画する教員（以下、研修企画者）のアイデア次第で自由に研修を創造することができる。

　本稿では、上記コンテンツを用いたり、関連する研修を独自に企画したりして、実際に教員研修を進める際の勘所について解説する。これから企画する予定の教員研修やこれまで行ってきた教員研修の見直しに役立てば幸いである。

満足度のその先にあるもの

　研修参加者が「参加してよかった」と感じられる研修を目指すことは当然のごとく重要である。しかしながら、改めて認識しておくべきことは、研修参加者から高い満足度を得ることが研修の最終目的（ゴール）ではないという事実である。

　企画した研修は、それぞれ目的が設定されている。D-projectが開発した3つのコースも同様である。たとえば、コース①では「Clipsという動画編集ができるアプリの操作や表現方法を学ぶこと」および「学ぶ楽しさを引き出す学習活動や映像で表現をすることの意味を考えること」が研修の目的として設定されている。

　これらの目的を達成するために、研修企画者は様々な工夫を講じることになる。一般的には、研修参加者が自身の体験や思いを話す機会を多く設定したり、研修の最後に研修成果を発表したり、今後の取り組み予定を宣言したりする機会を設定すると満足度が高くなる傾向にあると指摘されている（永谷研一 2015 [1]）。

　そして1つ1つの研修の目的を意識することに加えて、大切にしたいことは、研修で得た学びを研修参加者が実践につなげられるということである。すべての研修は、日常的な教育実践につながってこそ意味があり、GIGAスクール構想によって整備された環境を活かした創造的な学びが実現し、児童生徒に資質・能力が育まれることが最終目的と考えられる。このように学んだことが実践に適用されることは「研修転移」と呼ばれ、研修企画者が意識するべき大切なポイントの1つとされている（中原淳ほか 2018 [2]）。

お茶とお菓子を用意して始めよう

かつて大学院の指導教員（編著者の中川一史氏）らとともに、オーストラリアの小学校を訪問した際、いくつか印象深い出来事があった。その1つは、職員室のような場所がとても自由な雰囲気だったことである。コーヒーを片手に立ち話する教員、ソファーに座って談笑する教員の姿が今なお印象深く残っている。

また、後に訪問したホノルルにあるK-12（幼稚園の年長〜高校3年生までの12年間を一貫して学ぶ）の私立学校において、放課後に開催されていた自由参加の校内研修も似たような雰囲気の中で行われていた。

おそらく校内研修とは、本来このような雰囲気の中で行うべきものだろうと感じている。リラックスした気持ちで和気あいあいと研修を進めることで、新たな発想が生まれやすくなったり、会話が弾んだりする。お茶やお菓子はあくまでも例ではあるが、こんな簡単なことが雰囲気づくりに貢献するのであれば、積極的に取り入れるべきであろう。

このような教員同士が学ぶ環境づくりの重要性について三崎隆（2015 [3]）は、地域における教員研修（三崎は、地域の教員が集まり学び合う場のことを『学び合い』コミュニティと呼んでいる）を例に言及している。また、教員の同僚性を育むという側面からも、あまり堅苦しくない教員研修は重要である。対話を促し、相互作用を生みやすくする環境づくりを研修企画者は心がけるべきと言えよう。教師同士のゆるやかなつながりの重要性については、石川晋（2013 [4]）も指摘しているところである。

ニーズを把握する〜独りよがりの研修にならないための第一歩〜

研修企画者は、自分自身が学び、必要と感じる内容を「しっかり」と伝えようと試みがちである。1人1台端末の活用に関する様々な研修に参加したり、文部科学省から公開されている種々の資料に目を通したりすればするほど、あれもこれも「しっかり」と伝えたくなる。

しかしながら、行き過ぎた「しっかり」は独りよがりの研修を助長してしまう。やはりまずは、研修参加者のニーズを把握することが重要である。といっても校内研修の場合、研修企画者も研修参加者も同じ職場で働いているため、ニーズは何となく把握できていると思い込んでしまう。しかし、何となく把握しているつもりのニーズは、しばしば外れがちだという事実は見過ごせない。

学校現場を見渡せば、当然のことながら経験年数も得意分野も異なる教員ばかりである。日常的にICTに慣れ親しんでいる世代とそもそもICTを利用することが苦手な世代等、個人差が大きいことも予想される。

したがって、事前にニーズ調査を実施した上で研修を企画したほうが効果的・効率的な研修が運営できると言えよう。しかし、ニーズ調査といっても仰々しいアンケート調査等を行う必要はない。立ち話を利用したインフォーマルな聞き取り調査や付箋紙などの小さなメモに書いてもらうことだけでも十分である。

そして、把握できたニーズをもとに研修を企画していく。その際、多様なニーズや時間が確保しづらい現状に対応するために、少人数における体験型の校内研修を企画・実施することで、実

践につながりやすくなることがすでに報告されている（川澄陽子ほか　2020 [5]、橋本順徳ほか 2022 [6]）。なお既述の通り、D-projectが開発した1人1台端末活用研修パッケージでは、研修参加者の多様なニーズに対応するために、3つのコースとともに使用するコンテンツや実践事例集は個別に用意されている。

研修計画の基本は選択・組み合わせと心得る

　研修は、一度やればそれで十分ということはあり得ない。一度切りの研修では、記憶した学習内容はどんどん低下していくことが知られており、一方で私たちは経験上、適切なタイミングで学習を繰り返せば、内容が定着することを知っている。

　しかしながら、学校現場の現状を鑑みると、90分程度の校内研修を何度も実施することは現実的ではない。したがって、研修企画者はニーズ調査の後に、大小様々な研修について、どのような内容を、どのような順で、どのようなタイミングで実施するのかといった研修計画を立案していくことが求められる。用意された研修パッケージやコンテンツを用いることにとどまらず、たとえば、校内研究授業や参加自由の短時間の研修等との関連も考慮してみる。このように教員研修は、選択・組み合わせを基本に考えていくことが望ましい。

　短時間の研修例としては、端末を手に実際にカメラ機能を中心に操作してみて、簡単な動画制作を体験する研修や、1人1台端末の活用場面に限定した模擬授業を行って、研修参加者から意見をもらう研修、NHK for Schoolの番組を視聴したり、YouTubeで公開されている文部科学省のICT活用の解説動画を視聴したりしながら授業における活用を話し合う研修等がすでに各地で行われている。なお、短時間の研修では、いつも以上に目的をシンプルにすることや、終了時間を厳守する等の配慮が必要と言える。

その研修にフィードバックはあるか

　フィードバックは研修転移を促す大きな要因であり、重要性が今改めて認識されつつある（中原淳 2017 [7]）。しかし残念ながら、教員研修においてフィードバックは、ほとんど行われていないと感じられる。研修転移のために重要なフィードバックが欠如していれば、研修内容が実践に活かされる可能性は低くなってしまう。そして、研修内容が活かされなければ、研修は有用なものではなく、ただ受講するだけのものになってしまう。またそれは、研究企画者の立場から見れば「やりっぱなし研修」とも言えよう。

　そこで、提案したい現状に合った教員研修におけるフィードバックは2つである。

　1つめは、**話題にしてみる**ことである。ただそれだけのことだが、実践を意識するようになれば、実際の動き出しまでかなり近づく。日常的な職員室での会話の中で、実施した研修の話題に触れてみるだけでよい。「この前の研修内容はどうでしたか」「1人1台端末の活用はどんなことが難しいと感じていますか」「授業しますので見に来ませんか」のように、研修企画者が日常的に会話に挙げてみることが大事である。さらにポイントを挙げるとすれば、この取り組みは1人の研修企画者ではあまり効果は上がらない。複数でフィードバックを続けることが大切である。ある学校ではGIGA推進担当者を各学年に配置した。そうすることで、職員室のあちこちで同様

の話題が展開されることになる。研修内容を教員の意識下に置くことができれば、実践までもう少しである。

2つめは、**システムとしてフィードバックを組み込むこと**である。本来であれば、研修参加者1人ひとりに丁寧なフィードバックが必要だが、それは現実的ではない。そこで、職員会議や学年会議の中で数分程度、時間を設定し、研修内容のその後について、内省を促してみるのである。あるいは、他の教員が率先して取り組んだ授業を紹介することもフィードバックの一部と見なすことができる。ある学校では、職員会議の冒頭で毎回2名の教員が自身の1人1台端末を活用した取り組みについて、紹介することをルーティン化した。職員会議や学年会議は定期的に実施されるため、相当な回数のフィードバックを実施することができる。

1人1台端末の活用に関する担当者の年齢はおそらく20代後半や30代中盤あたりが多い。研究主任においても30代前半からその重責を担っている教員が多くいる。だからこそ、企業のような職場上司からのフィードバックではなく、提案した2つのように同僚としてのフィードバックを実施していくことが重要と考える。

おわりに

ここまで「1人1台端末活用 研修のポイント」として教員研修を進める際の勘所について論考してきた。さらに加えるならば、研修を進める上で根底にあるべき重要なことは、研修企画者の1人1台端末を活用した授業に対する思いである。換言すれば、探究的な学びを通じて、創造的な学びを実現し資質・能力を育んでいく ── このような授業の実現まで、関係者に粘り強く関わり続けるという強い意志である。

D-projectは、研修企画者が粘り強く取り組み続けられるように、研修パッケージにとどまらず、ともに学び合う場であるプロジェクトや参加型研修のワークショップ等を含んだ公開研究会を各地で開催している。ぜひ参加されてはいかがだろうか。ここには書き切れなかった個別具体的なポイントを得られること間違いなしである。

参考文献
[1] 永谷研一（2015）『人材育成担当者のための絶対に行動定着させる技術』ProFuture
[2] 中原淳，島村公俊，鈴木英智佳，関根雅泰（2018）『研修開発入門「研修転移」の理論と実践』ダイヤモンド社
[3] 三崎隆 編著（2015）『教師のための『学び合い』コミュニティのつくり方：教師同士・学校同士のつながりを高める実践』北大路書房
[4] 石川晋，大野睦仁（2013）『笑顔と対話があふれる校内研修』学事出版
[5] 川澄陽子，伊藤崇，黒羽諒，小林祐紀（2020）『プログラミングの授業実施に至ることを意図した教員研修プログラムの提案 ── 第一筆者の勤務する小学校の実態に着目して ──』茨城大学教育実践研究，39，209-220．http://center.edu.ibaraki.ac.jp/c00_04_no39.html
[6] 橋本順徳，黒羽諒，川澄陽子，伊藤崇，内田卓，小林祐紀（2022）『1人1台端末の活用に関する少人数課題実践型教員研修プログラムの提案』茨城大学教育実践研究，41，20-34．http://center.edu.ibaraki.ac.jp/c00_04_no41.html
[7] 中原淳（2017）『フィードバック入門』PHPビジネス新書

1人1台端末活用
研修教材パッケージの実際

佐藤 幸江（さとう ゆきえ）　放送大学 客員教授

はじめに

　GIGAスクール構想の実現で次世代の人材の育成を目指し、全国で新たな授業の創造が始まっている。もちろん、これまでの授業のパターンを変えずに、紙を使っていた場面で1人1台端末を代替すればよいという考え方もある。けれども、教員の描いたレールに沿って「はい、ここで1人1台端末を出して」「個別に考える時間は5分でいいかな」「では、共有しよう。この人の考え方いいね。みんなに説明してもらえるかな」という授業で、学習者が「文房具」として活用する状況が果たして生まれるのか、と懐疑的になる。そこで、学習を学習者に委ね、学習者の考える時間、試行錯誤する時間、表現する時間、仲間で考えを深め合う時間を保障する授業を設計できる力を身につけてほしいという期待を込めて開発したのが、D-projectの「1人1台端末活用研修パッケージ」である。

　「1人1台端末活用研修のポイント」p.160で説明したように、3つのコースを用意している。

D-project1人1台端末活用研修パッケージ～撮って活用して振り返る

https://www.d-project.jp/package

① 入門研修（60分）として、操作になじんでいない先生や自信のない先生のための「まず、**先生が楽しむ研修に**（先生の表現するためのスキルアップ）」

② 表現の学習をどうデザインしてよいか困っている教員のための「**授業づくりのイメージをもつ研修に**（表現活動を位置づけた授業づくりを学ぶ）」（90分）

③ 自身が学習者になって表現活動を体験し、教員の役割を見直すための「**授業でどう使えるか考える研修に**（表現活動を位置づけた模擬授業体験）」（90分）

　各学校で研修を企画する際に、担当者の負担にならないように、「研修の手引き（PDF）」を用意している。ただし、アイデア次第で学校の課題に応じてカスタマイズできるように、各コースで使用する事例や実践事例集を個別に用意しているので、どのように組み合わせていけば教員のニーズに応じることができるか工夫することもできる。

　本稿では、この3つのコースの概観を紹介する。各学校で教員自身も楽しみながら取り組み、同僚と対話する中で、新しいスキルを獲得したり授業観を転換したりする機会にしていただけることを期待したい。

研修パッケージの紹介

●まず、先生が楽しむ研修に～先生の表現するためのスキルアップ～

❶目的：iPadやClipsの操作になじんでいない先生や自信のない先生向けに、操作体験や表現活動を楽しむための研修。

❷主な流れ（「研修の手引き（PDF）」より）

時間の設定があり、見通しを持って進行できる

提示するスライドを用意しているので、それを活用すれば、誰でも研修担当が可能

研修のポイントは、他の研修にも役立つ

時間	講師の指示	留意点
0-10	**●スライド1、2、3提示** • 研修のテーマ、講師の自己紹介、スケジュール、研修のねらいについて、スライドをもとに解説する。 **●スライド4提示** • 本研修では、学習者が主体となって1人ひとりの考えや思いを表現する活動をねらいとしていることを解説する。 **●スライド5、6提示** • 「表現活動」の分類を示した図を簡単に解説し、本日のゴールを示す。	□「事例集」等、必要な資料を事前に印刷をしておく。 □本研修は、実施時間は60分である。実施機関により調整しておく。
10-15	**Clipsを使って、動画で撮って活用する～その分類～**　提示するスライド **1　紹介する** 撮影した対象（もの、人、コト）について、自己紹介や委員会の紹介などのシーンで撮影・活用 **2　説明する** 理科の実験や主張を補強する、あるいは算数の図形の証明の際、撮影・提示するなど **3　創造する** ものづくりや図工・美術の作品づくりなど、表現の場としての1人1台活用 **4　確認する** 英語での会話場面を撮影したり、体育で鉄棒の様子を友達に撮ってもらったりして、改善する箇所を確認するなどの活用 **●スライド7、8、9提示** • 「学校あるある」の紹介動画。「ビデオや写真を撮る方法」「テキストやステッカー絵文字などを入れる方法」等の動画を視聴する。 **●スライド10提示** • 「30秒程度の動画、紹介する場所」等。制作についての再度確認する。	□YouTubeからの動画は、きちんと終了する。 □時間に余裕がある場合には、おもしろさなどについて話し合うこともできる。 □「テキストやステッカー絵文字などを入れる方法」については、必要に応じて視聴する。 □あまり高度な作品を作ることが目的ではないことを伝える。
15-45	**●スライド11、12、13提示** • 制作を始める。 • 研修自体が60分しかないために、体験の時間は25分間しかないこと、早めに完成した場合には、事例等を視聴することと「提出箱」について伝え、制作を開始する。	□どんどん静止画や動画を撮っていく。撮りながら、ストーリーを考える等、途中で声をかけるとよい。 □互いに相談しながら作成するよう伝える。
45-55	**●スライド14、15提示** • 共有する。 • 集合時間にできたところまでを、講師に提出するか、あるいは、グループで見せ合う等で、互いの作品を共有し、「研修場所のおもしろさは伝わったか」「どのようなところが効果的であったか」等、意見を交換する。 **●スライド16、17提示** • 活用事例動画。	□どのようなおもしろさを伝えるために、どう表現したか、その工夫を認め合う。受講者の話を引き出すようにする。 □時間があれば2本視聴。 □YouTubeからの動画は、きちんと終了する。
55-60	**●スライド18、19提示** • まとめ 参加者の言葉を借りながら、動画づくりのおもしろさや学びに関して、価値づける。 • 学習者が主体的に表現活動を授業に取り入れていくように進める。 • 研修終了。	□他にも、2つの研修パッケージがあることを知らせる。 □スライドを提示して終了する。

●授業づくりのイメージをもつ研修に〜表現活動を位置づけた授業づくりを学ぶ〜

❶目的：日常的に使い始めたけれど、もっと学習者主体の授業づくりをしてみたいと考えている先生方向けに、事例を視聴しディスカッションをしながら、授業のイメージを広げるための研修。

❷主な流れ（「研修の手引き（PDF）」より）

時間	講師の指示	留意点
0-10	●**スライド1、2、3**提示 • 研修のテーマ、講師の自己紹介、スケジュール、研修のねらいについて、スライドをもとに解説する。 ●**スライド4、5、6**提示 •「総論：教育の情報化の促進」（D-project会長 中川一史／放送大学教授の講義）、「情報活用能力」に関する解説（D-project副会長 前田康裕／熊本大学特任教授の講義）「メディア創造力」についての解説（D-project副会長 佐藤幸江／放送大学客員教授の講義）理論編を視聴する。 ●**スライド7、8、9**提示 • タブレット端末の活用、「表現活動」の分類を示した図を簡単に解説し、本日のゴールを示す。	□「事例集」等、必要な資料を事前に印刷をしておく。 □本研修は、実施時間は90分である。実施機関により調整しておく。特に、受講者のニーズや経験値によって、時間の割振の検討をしておく。 □理論編は3本ある。「総論」は必ず視聴してほしい。
10-40	●**スライド10、11、12、13、14、15**提示 •「事例から学ぶ（説明・紹介）」を簡単に解説し、視聴後、感想や意見を交流し、学習者主体の授業イメージを広げる。 ●**スライド16**提示 • これまでの事例を視聴して見つけた「授業づくりのキモ（ポイント）」について整理する。 **具体的な授業案をClipsを使って表現する** 文字で表す 映像と言葉を組み合わせる	□事例を視聴→授業イメージをもつ→映像で授業を表現。 □意見が出ない場合には、「説明」の授業場面はたくさんあると思うので、これまでの授業との違いを考えさせるとよい。 □「紹介」の事例では、特に相手意識や目的意識をもって活動しているよさに着目させるとよい。 □時間によっては、研修後の個人視聴にすることもできる。
40-45	●**スライド17、18、19**提示 •「ビデオや写真を撮る方法」「テキストやステッカー絵文字などを入れる方法」を視聴する。	□受講者のニーズや活用状況で、基本操作のみにするか、事前に決めておく。
45-85	●**スライド20、21、22、23、24**提示 • 考えた「学年・教科・単元」を具体的な授業案にし、どのような活用をイメージしたか、映像で表現する。 **活用場面のアイデアを具体化しよう** **①他の授業における活用場面を考えてみよう** ・iPadはどこで使うか。 ・どんな効果が期待できるか。 活用事例は QRコードより ご覧頂けます	□ここで少しアイデア出しをする時間をとるとよい。 □なかなかイメージが広がらない先生もおられると思うので、事例集を見るように促す。 □本研修では、ここでの活動時間を40分間として設定している。制作の時間を30分、その後の発表と話合いを10分で設定しているが、受講者の経験値によって「25分-15分」のように変更するとよい。

1人1台端末活用研修教材パッケージの実際

時間	講師の指示	留意点
85-90	●**スライド25**提示 • 学習者が主体的にClipsを活用して表現活動を授業に取り入れていくよさについて、解説を加える。 ●**スライド26、27**提示 • 研修終了。	

●**授業でどう使えるか考える研修に～表現活動を位置づけた模擬授業体験～**

❶目的：表現活動の授業づくりに関して関心をもつ先生方向けに、体験を通して考えることができる研修。

❷主な流れ（「研修の手引き（PDF）」より）

時間	講師の指示	留意点
0-15	●**スライド1～9**提示 • 理論編の解説等、2－2の研修の流れと同じ。	
15-25	●**スライド10、11**提示 • 「ビデオや写真を撮る方法」「テキストやステッカー絵文字などを入れる方法」等の動画を視聴する。	
25-65	●**スライド12～16**提示 • 模擬授業の内容を知らせ、模擬授業を開始する。 ●**スライド17～21**提示 • 「3ヒントクイズをしよう」	□時間に余裕があれば、模擬授業体験の有無を尋ね、学習者目線で受けることの意味に関して、少し説明するとよい。
65-85	●**スライド22～24**提示 • 他の教科や単元でできないか、授業アイデアを共有する。	□本研修では、ここでの活動時間を20分間としている。授業アイデアを出し合う程度である。授業構想まで実施したい場合は「授業づくり」編の研修へ進む。
85-90	●**スライド25、26**提示 • 表現活動を授業に取り入れていくよさについて、解説を加え、研修を終了する。	

おわりに

　新たな授業を創造するということは、1人ではなかなか行うことは困難である。教員も、児童生徒の学びと同様に、問題解決型の研修を実施し、互いに思いや考えを交流しながら、ともに学び合い、自身の学級にとっての最適解を創造していくことが重要なのではないだろうか。

　そのために、D-projectで作成した「1人1台端末活用研修教材パッケージ」を使い倒していただき、楽しさを味わい、授業イメージを広げ、学習者主体の授業の創造へとチャレンジしていただければと考える。

　学習指導要領の全面実施時期にコロナ感染症が始まり、使ったことのない1人1台端末の整備が重なり、混沌とした中ではあるけれど、教員が創造性を発揮し、粘り強く授業改善にチャレンジするときである。今、まさに、この本を手にしておられる先生方が、子どもたちの未来を創る土台を創り出しているのだから。

D-project とは何か？

豊田 充崇（とよだ みちたか）　和歌山大学教職大学院 教授

D-projectの名称が示すもの

　D-projectの「D」には、デジタル（Digital）とデザイン（Design）の2つの意味が込められているが、「デジタル表現」と「授業デザイン」のDだと捉えていただくとより語源に近づく。正式名称は、「一般社団法人 デジタル表現研究会」であり、教育委員会はじめその他の教育機関との連携などを行う際の表記は、「デジタル表現研究会」とすることも多い。

　2004年の春、D-project現会長の中川一史氏（当時は金沢大学教育学部）によって、「ITにふりまわされることなく、児童生徒の学びを見つめて授業をデザインしていこうとする姿を提案したい」と設立の趣旨が語られた。当初から、小・中・高校・特別支援の校種は問わず、教科・領域も限定せずに研究分野の間口を広げてスタートした。

　D-projectは、「デジタル表現」の授業実践の研究を「深める」とともに、同時にこの成果をワークショップや研究会等で直接的に「広める」こと、そして、あらゆる媒体の成果物として「まとめる」（発信する）ことを主要なミッションとした。これらのミッションを遂行するため、特定の研究テーマを持った各種のprojectを創設してきた。近年の実績を振り返ると、例年10本以上のprojectが平行して遂行されてきている。「寺子屋リーフレット制作」のprojectは、本会設立当初から20年近く続いている。広く参加メンバーを募って多数の学校が参加する「ネットdeカルタ」や「フォトポエム」などは、デジタル表現とネットワークでの協働学習のスタンダードとも言えるprojectである。従来の紙媒体（パンフレット、新聞等）をデジタル化して取り組むprojectもあれば、AIやAR・VR等のタイムリーなテーマを掲げるものもある。これら各種projectの集合体が「D-project」の名称たるゆえんである。

D-project発足時の教育事情

　ここで、D-projectが産声を上げた2002年とはどういった年であったのかを簡単に振り返ってみたい。この年は教育界でも大きな節目の年であり、同年1月には、文部科学省より『確かな学力の向上のための2002アピール「学びのすすめ」』が出されており、基礎・基本の徹底と学力向上が盛んに叫ばれた。「全国学力テスト」の必要性も検討され、その復活が提唱されてきた頃でもある。

　その後、同年6月に同省より、情報活用能力の育成の基本的考え方、各学校段階・各教科等との関わりなどの記述を充実させた「新・情報教育に関する手引」（情報教育の実践と学校の情報化）が出され、新しい時代の情報教育の指針が示された。しかしながら、わずか2か月後の同年8月、ICT活用による確かな学力の向上を主眼とした「ITで築く確かな学力〜その実現と定着のための視点と方策〜」が出された。これによって、ICT・デジタル教材の活用によって、よりわかる授業を実現することが強く求められたのである。

　そんな中、文部科学省の各種政策・方針とは異なるビジョンを示したがD-projectであった。

端的に言うと、当時、学習ツールとして期待されたICTを、児童生徒らの「創作ツール」として見なしており、目指す学力観も異なっていた（確かな学力ではなく、豊かな学力）。

　当時、コンピューターによる創作活動やインターネットによる交流を行うためには、高価な周辺機器や高速なネット回線、専用ソフトウェア等が必要であった。しかも、基礎基本の徹底が叫ばれているときに、創作活動のための授業時間の確保やデザイナー系ツールの複雑な操作をどう指導するかといった問題もあった。ICT・デジタル教材を活用して学力向上を目指すという方向に動き始めていた国内の教育事情に照らし合わせると、D-projectのスタンスは、「王道からは外れていた」とも言える。

　しかしながら文部科学省の方針に異を唱えたわけではないし、中川会長はじめコアメンバーも、「政策には迎合しつつ我が道も行く」といったスタンスのメンバーであったと言える。私をはじめ多くのメンバーがICT活用による学力向上効果の検証といった研究にも着手してきた。まずは、従来型の学力向上効果があることを立証することが先決との割り切りもあった。ただし、「せっかくのICTを、狭義の学力向上だけで終わらせたくない」「学習ツールであると同時に表現ツールでもある」といった思いは、メンバー内でも途切れることはなく、だからこそ、その反動で唯一無二なD-projectの各種projectや公開研究会は大きな盛り上がりを見せた。

D-projectの経緯

　次に、D-projectの20年間の経過を「黎明期／過渡期／安定・成長期」に分けて振り返ってみたい。

●黎明期（2002〜2005年）

　まず、発足からの4年間で、「デジタル表現」に関する数多くの実践が蓄積された。ペンタブレットでデジタル絵本、PR番組・CMづくり、パラパラアニメ（クレイアニメ）、TV会議交流、デジタル表現コンテスト、デジタルポートフォリオ、スライドショーで表現、ネットワークで協働学習……これらは、GIGAスクールでの実践発表タイトルのキーワードではなく、信じられないかもしれないが、すべて2002〜2003年のD-project発足当時の実践発表から抜粋したキーワードである。これらの記録は、現在もD-projectサイトのアーカイブに残っており、国内のデジタル表現実践のルーツを知る上でも貴重な研究資産であると言える。

　こうして、バラエティに富みオリジナリティあふれる実践の数々が網羅されていった。一方で違う視点から見ると、拡散した取り組みを焦点化し、研究としての方向性を定める必要性にも迫られてきたとも言える。「確かな学力」との差異をつける意味で、メディア表現学習を通して「豊かな学力」を身につけるとしていたが、その概念をさらに具現化していく必要性もあった。

●過渡期（2006〜2011年）

　ここで中川会長は、すべてをいったんリセットし、第2フェーズへ進めることを宣言する。まず、これまでメディア表現学習によって育成される「豊かな学力」を、「メディア創造力」という新たな造語で定義し、その育成のための授業研究という方向性を打ち出した。同時に、優れたメディア表現学習には、不可欠な「学習サイクル」と、教師が持つべき「着目要素」が存在する

ことがわかってきたため、これらを共通項として、授業研究の主軸に据えることにした。

このとき中川会長は、「各教科でメディア創造力が身につく実践に的を絞ります。そして、この実践ではこんな力を身につけるのがねらいだと『意味づけ』をしっかり行い、方向がぶれないように注意したい」と語っている。

ただし、まだこのメディア創造力が具体的にどのようなものであるか、その達成目標などコアメンバーでさえも手探りであった。それゆえに、新しい概念の学力観を生み出す高揚感にあふれた時期であったとも言える。

その後、2008年には『メディアで創造する力を育む─確かな学力から豊かな学力へ─』（ぎょうせい）が発刊される。ここでは、メディア創造力育成のための学習サイクルと「12の着目要素」が事例とともに詳細に語られている。掲載されている各事例には「メディア創造力はここで！」と必ず記載し、理論と実践を往還する構成となっている。中川氏の宣言通り、わずか2年間で、各実践の統一された意味づけや、ぶれない方向性が具現化されたと言える。

そして、この「メディア創造力」の概念をさらに強固に固めるために、「到達目標」の策定が進められ、2011年にはそれが一覧として示されるようになった。理論的な研究が集大成され、確立されたここまでの期間が過渡期と言えるだろう。

●**安定期・成長期（2012年〜）**

2012年度からは、「メディア創造力の到達目標のモデル化プロジェクト」が開始され、より実践イメージの具体化がなされていくこととなる。これ以降は、D-projectサイトでも統一した形式で各プロジェクトが公開されており、その内容には、随所に「メディア創造力の育成」を意識したキーワードが並んでいる。各プロジェクトの活動内容は違うが、目指す方向性や最終の目標は同じであることがうかがえる。

なお、研究の方向性が明確に定まり、ますますメンバーが増えたD-projectは、支部活動も全国に拡大・活性化し、北海道から東北・北陸・関東・東海・関西・四国・中国・九州までの広がりを見せた。また、D-projectのコアメンバーは、地方での教育の情報化を推進する中核メンバーでもあるため、地方研究会との共同企画も数多く開催されていった。よって、2012年以後は研究としての安定期であり、活動としての成長期であると位置づけて差し支えないだろう。

「フォーマル」であり「カジュアル」

「D-projectは何か？」の問いに引き続き回答していきたい。本研究では、「メディア創造力の育成」という、理論的にも確立された方向性が定まっているし、「12の着目要素」という授業実践の"作法"とも言われるようなものも決まっている。この字面だけを読むと、フォーマルなカタにはまった研究会のように捉えられるかもしれない。しかしながら、実際の研究会やワークショップ等に参加すれば、そこでのカジュアルさに驚かれるであろう。暗黙のドレスコードも存在しないし、Tシャツ・ジーパンで研究発表をしても誰もとがめることはない。教育系研究会の中ではひときわカジュアルな服装とフランクな会話が特色と言える。

また、D-projectには一般会員や入会・退会、年会費といった通常の研究会であれば当然定められているフォーマルな制度が存在しない。公開研究会に参加し、ワークショップが面白かった

のでそのままD-project内の研究プロジェクトに入り、いつの間にかスタッフだったといったことも珍しくない。また、退会したという線引きもないため、管理職になったのでいったん自主休養し、その後退職して再任用になったので自主的に復帰ということもある。誰にでも開かれていて、誰にも束縛されないという「ゆるい組織」とも言える。

この「カジュアルさ」がD-projectの特色であり魅力の1つであろう。ふと、息抜きに立ち寄ってリフレッシュしたい、自分の考えた授業の実践やアイデアについて語りたいという場、いわば「クリエイターズカフェ」のような居場所と考えていただければと思う。百聞は一見にしかず。本書を手に取った皆さんには、ぜひ最寄りの支部会、公開研究会（大会）にご参加いただきたい。

次世代のクリエイターを育てるクリエイター集団

さて、クリエイターというキーワードが出たが、「D-projectとは何か？」と問われたとき、「クリエイター集団」であるという回答もできる。「誰も実践したことがない新たな授業をクリエイトする」という意味と、「次世代のクリエイターを育てている」という意味の2つを含んでいる。次世代のクリエイターとは、もちろん児童生徒のことである。

「メディア創造力」を育成する実践事例では、おのずと児童生徒が何らかの作品を生み出し、それをもとにした発信・交流活動に発展していく。

ICTはクリエイティブなツールだと認識した児童生徒らは、さらなる創作活動への期待感を膨らませ、一度身につけた技能はどんどん主体的な創作的活動に伝播していくことは容易に想像できる。メディア創造力を備えた児童生徒らはクリエイターであり、そういった児童生徒らを育てた教員らは、「クリエイターを育てるクリエイター」と言っても言い過ぎではないだろう。

D-projectと産学連携

D-projectの取り組みは、賛助会員としての多くの企業の支援によって成り立っている。そもそも発足当時から、企業からのハードウェアやソフトウェア、スタッフ等の支援を受けられないと、ここまでの発展は見込めなかったはずである。産学連携があってこそのD-projectとも言える（「産学」の学は、本来大学を示すが、ここでは学校も含む）。

D-projectでは研究会・ワークショップや懇親会、総会に至るまで企業の方々の参加率が非常に高い。そういった方々と交流すると、実は、教育者と共通の理念を持っていることがわかる。利益云々の前に、「自社の製品（ソフトウェア・コンテンツ）を日本の子どもたちの学びに役立たせたい」という願いが見えてくるのである。

企業の方々は研究発表を聞いて、「教育現場に響くワード」が得られるし、ワークショップを共同で実施することによって、現場の先生方が求める研修方法を学んでいただくこともある。こうして、D-projectのメンバーにまずは（自社製品を）使ってもらえれば、成果を出してくれる、評価をフィードバックしてくれるはずだという企業からの信頼感を積み重ねていったと言える。実際に、D-projectによって評価検証し、好事例の提供や改善提案を行った製品やソフトウェア、コンテンツ等は多数ある。こういった産学連携の重要性を見越して、設立当初から企業との連携を遂行してきたのがD-projectであると言えよう。

20年先のビジョンを見据えていたD-project

　D-projectの今後を占うためにも、GIGAスクール導入の趣旨を改めてここで確認しておきたい。令和元年の「文部科学大臣メッセージ」を今一度、読み返していただきたい。

GIGAスクール構想について《文部科学大臣からのメッセージ》
https://www.mext.go.jp/a_menu/other/index_0001111.htm

　まずは、タイトルにある「創造性を育む教育ICT環境の実現に向けて」という文言に目が留まる。本文中には、「PC端末は鉛筆やノートと並ぶマストアイテム」つまりタブレットは文具だとして、これは「創造性を育む学びに寄与するもの」とされている。また、「子供たちが変化を前向きに受け止め、豊かな創造性を備え、持続可能な社会の創り手として、予測不可能な未来社会を自立的に生き〜」と、スケールやスパンの大きな文言が続く。最後には、「創造性を育む教育ICT環境」を「絶対に逃すことなく実現するように」と強い口調で締めくくっている。なお、このメッセージには、「個別最適な学び」というフレーズは使われているが、従来型の「学力」という用語は一言も出てこない。ここには逆に違和感を覚えるほどである。

　全文を通して、改めてD-projectの発足時からの理念に忖度したかのような内容であると解釈することもできるし、発足当時は王道から外れていたD-projectのビジョンに、ようやく教育政策が追いついてきたという見方もできる。

D-projectの今後

　さて、D-projectは、今後どこへ向かうのか。メディア創造力を育成する授業研究の蓄積は進んできたが、教育界全体としての普及には至っていない。そういう点では、まだまだ道半ばである。また、GIGAスクールの本来の趣旨はすでに述べたように、「創造性」に重点が置かれているが、これが今の教育現場に受け入れられているとも考えづらい。

　GIGAスクールは、コロナ禍によって前倒しで導入が進み、オンライン授業の実現や学びを止めないという趣旨で、またしてもデジタル教材の活用が先行してしまった感がある。もちろんデジタル教材を活用した、よりわかる授業の実現は重要であり、確かな学力を育むことは学校の使命である。ただし、それは他の研究団体でもできる。D-projectとしては、本来のGIGAスクール導入の趣旨である「創造性を育む教育」の浸透により強くアプローチする必要があると考えられる。

　また、一方で、D-projectには、「今は邪道かもしれないけど、未来を見据えたら重要なこと」「今は開花してないけどいずれ芽吹いて来る」といった「とがった実践」にも期待がかかる。

　20年前に、全教室がネットにつながり、国から全児童生徒にタブレットが一斉支給されると誰が予想していただろうか。20年後の教育はまだ誰も予想できない。AI搭載のアンドロイドに個別指導を受けているかもしれないし、体育の必修にeスポーツが入っているかもしれない。熱中症アラートの日は在宅スタディを選べたり、メタバースの中の学校に通えば出席扱いという可能性もないとは言い切れない。教科書やランドセルは今のまま存在するかさえわからない。そういった未来の学校を見据えた実践に果敢にチャレンジしていけるベースを構築していくのがD-projectである。

おわりに

水谷 浩三　D-project顧問
（みずたに　こうぞう）

　D-project会長の中川 一史氏が2004年の春に語った、「デジタル（Digital）」「デザイン（Design）」の2つの『D』をキーワードに、ICTにふりまわされることなく、子どもの学びをみつめて授業をデザインしていこうとする姿を提案したいというD-project設立の趣旨が、これまで以上に大切になってきた教育情勢である。

　それは、国のGIGAスクール構想により、全児童生徒の学習者用端末1人1台環境と高速大容量の通信ネットワーク環境が一体的に整備され、その環境を活かし、子どもたち1人ひとりに創造性を育むための教育が希求される現在、教育現場の多くは、まさにICTにふりまわされそうな状況だからである。

　D-projectではメディア創造力（表現学習を通して、自分なりの発想や創造性、柔軟な思考を働かせながら自己を見つめ、切り拓いていく力）育成に向けた多様な授業実践を提案している。本書ではその授業実践の中から、子どもたちが常時1人1台端末を持つ環境の実現により、これまでより気軽に、そして子どもたちが主体的に取り組める端末のカメラ機能を活用した学習活動に特化し、4つの目的別（「確認」「紹介」「説明」「創造」）に分類した各授業実践の事例と、その授業実践の教育的意味付けなどについて提案してきた。

　これら提案した授業実践が、本書を手に取っていただいた皆さんにとって、そして子どもたちの成長にとって有効に活用されることを祈念している。

　また、本書においてD-projectの20年間の軌跡を紹介した。決して初めに組織の継続ありきの集団ではなく、むしろ太く短くのスタンスで活動が進められてきた。気がつけば20年であった。

　それは、その時々のメンバーの実践に対する強い思いと賛助会員のご支援に支えられての20年、毎年新鮮な気持ちワクワク感がある20年であった。

　ぜひとも一度D-projectサイトにお立ち寄りいただき、様々な授業実践をご覧いただき、皆さんの授業実践に役立てていただきたい。

▼D-projectサイト
　https://www.d-project.jp/

そして、毎年実施される各種のプロジェクトにもご参加いただきたい。
　また、上記サイトには、全国で実施されるD-project公開研究会の開催情報も掲載されている。公開研究会では授業実践の紹介などに加えて、ワークショップも実施される。皆さんにもワークショップに参加してメディアで表現する楽しさを味わっていただけたらと願っている。

●編著監修［D-project編集委員会］

中川 一史（なかがわ ひとし） 放送大学 教授

博士（情報学）。日本STEM教育学会副会長、AI時代の教育学会副会長など。中央教育審議会初等中等教育分科会「個別最適な学びと協働的な学びの一体的な充実に向けた学校教育の在り方に関する特別部会」（委員）、内閣府「青少年インターネット環境の整備等に関する検討会」（座長代理）、文部科学省委託「デジタル教科書の効果・影響等に関する実証研究事業」有識者会議（主査）などを歴任。『小学校プログラミング教育の研修ガイドブック』『GIGAスクール構想［取り組み事例］ガイドブック』（いずれも翔泳社）、D-project会長、ICT夢コンテスト審査委員長など。

佐藤 幸江（さとう ゆきえ） 放送大学 客員教授

横浜市公立小学校を経て、金沢星稜大学人間科学部教授。2019年退職。デジタル表現研究会（D-project）副会長。文部科学省「先導的な教育体制構築事業」委員、文部科学省委託「デジタル教科書の効果・影響等に関する実証研究事業」有識者会議等を歴任。AI時代の教育学会（理事）、パナソニック教育財団専門委員、JAPET&CEC「情報活用能力育成事業」委員、教科書センター評議委員。自治体のICT推進事業委員、校内研修の講師等の経験多数。著書に『カリキュラム・マネジメントで実現する学びの未来　STE(A)M教育を始める前に［カリキュラム・マネジメント実践10］』（翔泳社）等。

前田 康裕（まえだ やすひろ） 熊本大学大学院教育学研究科 特任教授

熊本大学教育学部美術科を卒業後、公立の小中学校で25年教える。現職教師を務めながら岐阜大学教育学部大学院教育学研究科を修了。その後、熊本市教育センター指導主事、熊本市立小学校教頭、熊本大学准教授、熊本市教育センター主任指導主事を経て現職。著書に『まんがで知る 教師の学び』『まんがで知る 未来への学び』シリーズ『まんがで知る デジタルの学び』（いずれもさくら社）など。

小林 祐紀（こばやし ゆうき） 茨城大学教育学部 准教授

博士（学術）。放送大学客員准教授。公立小学校教諭を経て2015年4月より現職。
専門は教育工学、ICTを活用した教育実践研究。日本教育メディア学会理事、日本デジタル教科書学会理事、AI時代の教育学会理事。文部科学省ICT活用教育アドバイザー、文部科学省委託事業「学習者用デジタル教科書のクラウド配信に関するフィージビリティ検証事業」有識者会議（委員）、一般社団法人日本教育情報化振興会「情報活用能力の授業力育成事業」委員（副委員長）などを歴任。編著・監修『これで大丈夫！小学校プログラミングの授業　3＋αの授業パターンを意識する［授業実践39］』（翔泳社）ほか。

●解説編・研修編・D-pro紹介・おわりに　執筆

中橋 雄（なかはし ゆう） 日本大学文理学部 教授

2004年に関西大学大学院総合情報学研究科博士課程後期課程修了後、福山大学、武蔵大学勤務を経て、2021年より現職。博士（情報学）。専門は、メディア・リテラシー論、教育工学、教育方法学。日本教育メディア学会会長、AI時代の教育学会副会長、日本教育工学会編集委員会委員。著書に単著『【改訂版】メディア・リテラシー論　ソーシャルメディア時代のメディア教育』（北樹出版）、編著『メディア・リテラシーの教育論　知の継承と探究への誘い』（北大路書房）など。

豊田 充崇（とよだ みちたか） 和歌山大学教職大学院 教授

中学校社会科教諭5年間を経て、2002年度より和歌山大学教育学部講師。2016年より教職大学院専従となり現職。専門は「教育工学」。ICT活用授業の実践的研究、情報活用能力の育成（プログラミング教育を含む）等を主軸に、最近は、特に情報モラル指導用教材の開発やネット依存症対応についても力を入れてきた。日本教育工学協会（JAET）副会長。和歌山県青少年インターネット環境整備推進会議会長、和歌山市教育委員会客員指導主事等を務める。

山中 昭岳（やまなか あきたか） 学校法人佐藤栄学園 さとえ学園小学校 教諭

公立・国立小、関西私立小を経て現職。文部科学省GIGAスクール構想ICT活用教育アドバイザー。ビオトープをフィールドとした体験活動とICT活用の融合による教育を推進する。著書に『インターネットのむこうに世界がある』（ポプラ社）、執筆に『一人1台のルール』（さくら社）ほか。

岩﨑 有朋（いわさき ありとも） 鳥取県教育センター GIGAスクール推進課 係長

公立中学教諭（理科担当）を経て、令和2年度より現職。デジタル表現研究会（D-project）副会長。文部科学省ICT活用教育アドバイザー、Intel Master Teacherとして県内外のGIGAスクール構想の推進、PBLによる授業づくり等の研修や校内研究の支援を行っている。

山本 直樹（やまもと なおき）　関西大学初等部 教諭

京都の公立小を経て現職。デジタル表現研究会（D-project）副会長。著書は『小学生が作ったホンモノパンフ—企業のパンフレット作りから生まれた子どもの学び』（高陵社）。

水谷 浩三（みずたに こうぞう）　暁学園暁小学校 非常勤講師

暁学園を2022年3月に定年退職後、同年4月より現職。デジタル表現研究会（D-project）顧問。退職後もプロジェクトに関わることができるようになり喜んでいる。

● 授業事例　執筆

石田 年保（いしだ としやす）　松山市立椿小学校　確認05　紹介07　創造02

伊藤 崇（いとう たかし）　ひたちなか市立那珂湊中学校（実践当時：那珂市立瓜連小学校）　説明12

井戸 壮太（いど そうた）　海南市立亀川小学校　創造08

稲田 健実（いなだ たけみ）　福島県立平支援学校　創造13　創造14

今村 俊輔（いまむら しゅんすけ）　横浜市立茅ケ崎台小学校　説明09

岩井 祐一（いわい ゆういち）　東京学芸大学附属特別支援学校　確認11　説明15

岩崎 有朋（いわさき ありとも）　鳥取県教育センター（実践当時：岩美町立岩美中学校）　説明14

薄井 直之（うすい なおゆき）　古河市立諸川小学校　確認08

岡本 光司（おかもと こうじ）　金沢大学附属小学校　紹介05　説明06　創造12

小川 裕也（おがわ ゆうや）　柏市立柏第三小学校　創造09

金子 直也（かねこ なおや）　船橋市総合教育センター（実践当時：船橋市立市場小学校）　紹介16

川澄 陽子（かわすみ ようこ）　那珂市立横堀小学校　説明01

川端 ゆうき（かわばた ゆうき）　ひたちなか市立中根小学校　紹介02

菊地 寛（きくち ひろし）　浜松市立浅間小学校（実践当時：浜松市立雄踏小学校）　説明08

郡司 竜平（ぐんじ りゅうへい）　名寄市立大学（実践当時：北海道札幌養護学校）　確認10

小林 祐紀（こばやし ゆうき）　茨城大学（実践当時：金沢市立小坂小学校）　説明10

小林 義安（こばやし よしやす）　北海道星置養護学校ほしみ高等学園　確認12

近藤 睦（こんどう むつみ）　横浜市立宮谷小学校　紹介06

栄利 滋人（さかり しげと）　仙台市立国見小学校　確認01　確認02　紹介10　紹介17　紹介18

佐藤 幸江（さとう ゆきえ）　放送大学（実践当時：横浜市立大口台小学校）　紹介04　創造05

清水 裕太（しみず ゆうた）　茨城大学教育学部附属小学校　説明02

反田 任（たんだ たかし）　同志社中学校　紹介20

津下 哲也（つげ てつや）　赤磐市立山陽北小学校（実践当時：備前市立香登小学校）　確認04　確認06　確認07　紹介01　紹介09　創造03

寺門 結菜（てらかど ゆな）　茨城大学教育学部附属小学校　創造06

仲田 祐也（なかた ゆうや）　那珂市立芳野小学校　確認03　紹介11　説明04

中村 純一（なかむら じゅんいち）　佐賀龍谷学園龍谷中学校　確認09

西尾 環（にしお たまき）　熊本市立本荘小学校（実践当時：熊本市立五福小学校）　紹介13　創造10

林 文也（はやし ふみや）　札幌市立澄川中学校　紹介03

福田晃（ふくだ こう）　金沢大学附属コラボレーション推進室（実践当時：金沢大学附属小学校）　説明03

藤原 直樹（ふじわら なおき）　横浜市立洋光台第一小学校　創造11

前田 康裕（まえだ やすひろ）　熊本大学大学院教育学研究科（実践当時：熊本大学教育学部附属小学校）　紹介08　創造04

増井 泰弘（ますい やすひろ）　丸亀市立飯山北小学校　紹介15　説明11

宮津 光太郎（みやつ こうたろう）　熊本市教育委員会（実践当時：熊本市立城南小学校）　紹介14

山口 眞希（やまぐち まき）　放送大学大学院（実践当時：金沢市立小坂小学校）　紹介12

山下 若菜（やました わかな）　熊本市教育センター（実践当時：熊本市立楠小学校）　創造07

山中 昭岳（やまなか あきたか）　学校法人佐藤栄学園 さとえ学園小学校　紹介19

山本 直樹（やまもと なおき）　関西大学初等部　説明07　説明13

渡辺 杏二（わたなべ きょうじ）　鹿嶋市立鉢形小学校　説明05　創造01

装丁／本文デザイン 森デザイン室／森 裕昌
DTP 株式会社シンクス
編集 コンピューターテクノロジー編集部
校閲 東京出版サービスセンター

本書のご感想をぜひお寄せください

https://book.impress.co.jp/books/1122101033

読者登録サービス **CLUB impress**

アンケート回答者の中から、抽選で図書カード(1,000円分)などを毎月プレゼント。
当選者の発表は賞品の発送をもって代えさせていただきます。
※プレゼントの賞品は変更になる場合があります。

■商品に関する問い合わせ先

このたびは弊社商品をご購入いただきありがとうございます。本書の内容などに関するお問い合わせは、下記の URL または二次元バーコードにある問い合わせフォームからお送りください。

https://book.impress.co.jp/info/

上記フォームがご利用いただけない場合のメールでの問い合わせ先
info@impress.co.jp

※お問い合わせの際は、書名、ISBN、お名前、お電話番号、メールアドレス に加えて、「該当するページ」と「具体的なご質問内容」「お使いの動作環境」を必ずご明記ください。なお、本書の範囲を超えるご質問にはお答えできないのでご了承ください。

●電話やFAXでのご質問には対応しておりません。また、封書でのお問い合わせは回答までに日数をいただく場合があります。あらかじめご了承ください。
●インプレスブックスの本書情報ページ https://book.impress.co.jp/books/1122101033 では、本書のサポート情報や正誤表・訂正情報などを提供しています。あわせてご確認ください。
●本書の奥付に記載されている初版発行日から3年が経過した場合、もしくは本書で紹介している製品やサービスについて提供会社によるサポートが終了した場合はご質問にお答えできない場合があります。

■落丁・乱丁本などの問い合わせ先

FAX 03-6837-5023
service@impress.co.jp
※古書店で購入された商品はお取り替えできません。

Impress Teachers Learn

小学校・中学校「撮って活用」授業ガイドブック
ふだん使いの1人1台端末・カメラ機能の授業活用

2023年03月21日 初版第1刷発行

編著監修 D-project 編集委員会
中川 一史
佐藤 幸江
前田 康裕
小林 祐紀
発行人 小川 亨
編集人 高橋 隆志
発行所 株式会社インプレス
〒101-0051 東京都千代田区神田神保町一丁目105番地
ホームページ https://book.impress.co.jp

印刷所 シナノ書籍印刷株式会社

ISBN978-4-295-01614-4 C0037
Printed in Japan